近代中日關係研究 第三輯3

近百年來中日關係

李雲漢　著
陳鵬仁　編譯

蘭臺出版社

目次

近百年来中日關係

李雲漢

前言

十九世紀六十年代，對中國和日本的歷史，都是具有關鍵性和開創性的年代。

一八六六年，中國近代革命運動的倡導者孫中山先生出生。兩年以後，日本明治天皇頒令維新。此後的歲月，中國步入了革命自救的世紀，日本則是開始了由擴張進取而導致窮兵黷武的時代。一向被認為同文同種，輔車相依的兩大民族，卻走了不同的道路，也經歷了不同的境遇。

回顧近百年中日關係，確有極大的挑戰性和啓發性。歷史上，一方面出現了強凌弱，寡暴衆，進取與落後，強盛與腐敗的對比，一方面卻也看到高瞻遠矚，胸襟開闊，以謀求東亞和平與繁榮為己任的政治家們，不斷的提出忠告，勸戒以及果斷的行動。

誠然，明治維新為日本民族帶來了富強和尊榮，但由於明治五條誓文中「大振皇基」觀念的擴大與誤導，出現了所謂大陸政策，於是而有一八七三年的脅迫朝鮮訂約，一八七四年的進佔臺灣南部，及一八七九年之滅亡琉球改為冲繩縣。至一八九四亦卽甲午年，兩國遂因朝鮮問題的爭端而兵戎相見。這就是中國近代歷史上所稱的「甲午戰爭」，中國因戰敗而付出割地賠款的慘痛代價，日本則方氣燄萬丈，以亞洲的新主人自居。六年之後（一九〇〇），日本參加八國聯軍之役，再一次由中國取得巨大的權益。再過四年（一九〇四），日本擊敗了虎視眈眈的俄國，聲望和野心也都達到了頂點。吉田茂氏於其「決定日本命運的一百年」一書中，卽曾指出：「日俄戰爭的勝利，達成了明治維新以來所揭櫫國家的獨立這個目標，因此日本人遂失去了他們總的目標。」

由於日本人喪失了「總的目標」，因而步武西方帝國主義的後塵，一意孤行，欲藉以侵略手段實現其妄自尊大的榮耀。馬關條約保證朝鮮（馬關條約之後改名韓國）獨立，日本卻於一九一〇年將其併吞。日俄戰爭後，中國民眾本為日本的勝利感到慶幸，但日本旋卽將南滿納入其勢力範圍，且於一九〇七年與俄國訂立瓜分東北權益密約，使中國人發生「前門拒虎後門進狼」的恐懼。總之，明治時代日本的強大，不僅無補於亞洲的和平與繁榮，實際上卻正形成了鄰國的威脅和災難。

中國的情形，完全不同。由於清廷的落後和腐敗，已不足以維護中華民族的生存，於是志士仁人，遂相率奔走於自強救國的活動，因而有自強運動的推動，維新運動的出現，以及革命運動的勃興。從歷次失敗的教訓中，中國愛國之士發現孫中山先生倡導的國民革命，是中華民族唯一的一條生路，於是革命浪潮，洶湧澎湃，蔚為中國近代歷史發展的主流。多數中國歷史學者都認定：一部中國近代史，就是一部由孫中山先生和蔣中正先生先後領導、以爭取中華民族自由、平等、進步、繁榮為目標的革命奮鬥史。

中國革命發動之初，卽與日本發生密切關聯。孫中山先生早於一八九七年卽告訴宮崎寅藏氏：「中國革命不僅為了『救中國四萬萬眾之蒼生』，而且是要『雪亞東黃種之屈辱，恢復宇內之人道而擁護之』。」孫先生於一八九七年以後，曾以日本為策劃中國革命活動的基地，如一九〇五年的中國革命同盟會與一九一四年的中華革命黨，均在日本東京成立。孫先生歡迎日本志士贊助中國之革命事業，同盟會亦曾有謀求「中日兩國國民之聯合」的主張，事實上參與中國革命的日籍志士，為數當以百計。在孫先生的心目中，日本維新與中國革命均為亞洲民族的復興事業，應共同協力進行，因而孫先生民初有聯日的主張，民六著「中國存亡問題」專文，並曾特別提示：

「中國今日欲求友邦，不可求之於美、日以外。日本與中國之關係，實為存亡安危而相關聯者，無日本卽無中國，無中國亦無日本，為兩國謀百年之安，必不可於其間稍涉芥蒂。」

然一九一一年以後日本之執政者，自西園寺公望以迄山本權兵衛，都不能深切了解孫先生的深謀遠慮。其對中國之作為，悉與孫先生的期望背道而馳，尤以大隈重信內閣之提出二十一條，寺內正毅內閣之支持北洋軍閥，除了加深中國民間的反日情緒並引起美歐諸國的疑慮外，實一無所獲。孫先生屢次對日本人士提出忠告，一九二四年十一月在神户發表的「大亞洲主義」講演，更是一針見血的諍言：日本國民為自身利益及東亞民族共同福祉，應知在王道文化與霸道文化之間，有所抉擇。

孫中山先生於一九二五年三月逝世後，由蔣中正先生繼承他的革命志業，全心全意致力於中國的統一與建設。蔣先生早歲留學日本，對日本的民族性，和立國精神，以及政治、社會、文化狀況，體察至深。他與孫先生的態度一樣，希望日本有識之士，以東方安危與人類禍福為念，而不去斤斤計較於現實的利益。蔣先生認為：「日本人終究不能作我們的敵人，我們中國亦究竟須有與日本攜手之必要。」

然而，正當蔣先生以國民革命軍總司令身分揮軍北伐、努力於中國統一之際，日本的田中義一內閣却正計劃對中國採「積極政策」，他竟然派兵進佔山東阻撓國民革命軍北伐，造成了慘痛的「濟南慘案」。一九三一年九月，日本關東軍又發動了「九一八事變」，隨卽攻佔了中國東北三省，成立了傀儡組織「滿洲國」，這使得中國民心沸騰，抗日的聲浪高入雲霄。當然，中國的國力未足。蔣先生也從整個亞洲的禍福安危去考慮，認為中日兩國的共同敵人乃是共產主義，兩國倘不幸而爆發全面戰爭，於中國固為災禍，於日本亦未必為福。因此，蔣先生一方面對日本軍國主義者的得寸進尺，盡量忍讓，一方面則又苦口婆心，不只一次的向日本朝野提出忠告。一九三四年十二月發表的「敵乎？友乎？」專文，目的在「為中日兩國朝野作最後之忠告，期其警覺，免克同歸於盡的浩刼。」無如日本的政治家們，已無力也無法制止日本軍人的狂妄，一場中日兩國間長達八年之久的戰爭，遂至不可避免。

戰爭是悲劇，是災禍。侵略戰爭，更是一種恥辱，一種罪惡。平心而論，日本軍閥應對發動侵華戰爭負其責任。這不必否認，事實上也無法否認，日軍戰時在中國內地的殘酷暴虐行為，已在向人類文明挑戰，使日本傳統的武士道精神蒙羞。這是兩國關係史上最大的悲劇，絕大多數的中國人都為之咬牙切齒。但是身為中華民國國家元首兼最高統帥的蔣介石先生，却基於其遠大的世界眼光與偉大政治家開闊磊落的胸襟，於戰後對日本採取了史無前例的寬大政策，這就是東方文化中最珍貴的特質：不念舊惡，以德報怨。

戰後的日本，比戰後的中國幸運，但似乎又有迷失其立國目標的現像。吉田茂氏說過：「戰後的日本，的確運氣很好。但如果日本人運用不得法，這些運氣也很容易變成負的因素。」無可否認，日本在國際社會中是個經濟的巨人，但却是政治上的侏儒。因為，在若干複雜問題上，日本政治家們有時仍摸不清方向。一九七二年田中角榮首相之搶先與中共建交並與中華民國斷交而自毀其在國際間的形像，就是明顯的一例。

中日斷交一十四年之後，日本的有識之士組織「蔣介石先生遺德顯彰會」，展開各項紀念蔣先生百年誕辰的活動，這是東方文化根深柢固的表徵，的確難能可貴。猶幸兩國斷交之後，經濟貿易、文化以至國民旅遊各方面，不僅未受阻撓，而且在持續發展之中，使雙方均蒙其利。這也就是中華民國總統蔣經國先生所言「分則兩害，合則兩利」的道理。檢討過去，策勵未來，深盼中日兩大民族之間，在此後歲月中，經由朝野一致的倡導與努力，持續進展至令人滿意的新境界。

壹、中國革命與日本

孫中山先生二十歲時（一八八五）卽立志革命，二十九歲（一八九四）——中日甲午戰爭之年，前往檀香山創立了近代中國第一個革命團體：興中會。

孫先生倡導的革命，稱為國民革命。其目的在求中國之自由平等，亦為增進亞洲民族的福祉。他曾於一八九七年告訴宮崎寅藏說：「救支那四億萬之蒼生，雪亞東黃種之屈辱，恢復宇內之人道，唯在霹靂一聲之革命耳。」

孫先生革命之初，卽與日本發生密切的關聯。他於一八九五年首次來到日本，在橫濱建立興中會分會，然後前往美歐。一八九七年再來日本，卽以日本為革命活動基地，居留達六年之久。並曾於一九〇〇年前往臺北，策劃了臺灣海峽對面的惠州起義。

在孫先生的號召和影響下，在東京留學的中國學生開始傾向革命。他們組成了各個革命團體，出刊了十多種宣揚革命救國主張的雜誌，蔚成一股革命浪潮。到一九〇五年，一個象徵中國全國革命勢力大結合的中國革命同盟會在東京宣告成立。孫先生被推選為同盟會的領袖，稱為總理。他首次提出民族、民權、民生的三民主義，作為中國革命建國的最高政治綱領。

孫先生的革命事業，贏得不少國際友人的同情與贊助，尤以日本友人為多。如教會人士菅原傳、生物學家南方熊楠、俠士宮崎寅藏，政治家犬養毅等幾十位，均曾為孫先生引為知友。山田良政且在惠州為中國革命而犧牲，萱野長知則被委任為革命軍「東軍顧問」。彼等事蹟，孫先生於自述革命經歷時曾有記述，中國國民黨黨史著述中也有明顯的記載。

一、孫中山先生首倡革命

孫中山先生，名文，字逸仙，廣東省香山縣人，一八六六年十一月十二日生，一九二五年三月十二日病逝，享年六十歲，為中華民國全體國民敬稱為國父。

孫先生早年習醫，目睹清廷的腐敗與國家之危難，乃決志革命救國。首於一八九四年十一月二十四日，在檀香山創立中國近代第一個革命團體——興中會。

興中會會員誓詞是「驅除韃虜，恢復中國，創立合衆政府」，揭櫫了孫先生推翻專制帝制，創建民主中國的早期革命目標。

一八九五年二月，孫先生前往香港設立興中會總部，決定攻取廣州，並採用陸皓東設計的青天白日旗為革命軍旗。十月二十六日——農曆九月初九日重陽節，孫先生與陸皓東等同志在廣州發動第一次起義，不幸失敗。但孫先生並未氣餒，旋即前往日本、美國及歐洲，繼續為革命奔走。

二、日本為中國早期革命基地

一八九五年十月，第一次廣州起義失敗後，孫中山先生與鄭士良、陳少白兩同志前往日本。見神戶報紙有「支那革命黨孫文抵日」的標題，復循易經「湯武革命順乎天而應乎人」之義，乃自承為革命黨。十一月抵橫濱，設立興中會橫濱分會，是為革命黨在日本建立組織之始。

一八九六年一月，孫先生離日往美赴英，不幸為被清廷駐英公使館所拘禁，是為倫敦蒙難。脫險後，繼續在英倫研究，並考察社會政治，完成了三民主義之思想架構。至一八九七年七月，離英經加拿大，再到日本，於八月十六日抵達橫濱。此後即以日本為基地，策劃革命活動，並結識日本朝野賢豪，使革命事業獲得助力。

三、留日中國學生的革命宣傳

甲午戰後，中國有識之士認為日本勝利原因，在於明治維新以來全力吸收西方文化，欲有所效法，遂大批派遣留學生，赴日本留學。此等學生大多「頭腦清新、志氣不凡」，深受革命黨人的感染，傾心革命而宣傳之，乃蔚為風氣。庚子拳變（一九〇〇）後，各省留學生大多藉同鄉關係，紛紛組織團體，發行刊物，鼓吹民族主義，革命聲勢的發展，一日千里。

四、中國革命同盟會在東京成立

一九〇五年春，孫中山先生在歐洲布魯塞爾、柏林、巴黎等地，相繼組織革命團體後，隨即前往日本。於一九〇五年八月二十日，在東京赤坂區靈南坂日人阪本金彌的住宅成立了中國革命同盟會。同盟會成立之初宣誓加盟者三百餘人，公推孫先生爲總理。誓詞爲「驅除韃虜，恢復中華，創立民國，平均地權」。

五、贊助中國革命的日本友人

在中華民國成立之前，孫中山先生先後訪問日本達十一次之多。與日本朝野人士的交往十分廣泛，不分背景派系，凡願贊助中國革命者，胥歡迎之。他曾表示「視日本無異第二之母邦」。

孫中山先生最早結識的日本友人，是在檀香山交往的耶穌教牧師菅原傳；一八九六年倫敦蒙難後，孫中山先生在大英博物院遇見日本生物學家南方熊楠，引爲知己。至一八九七年八月抵日後，所接觸的日本友人更多，孫先生在孫文學說第八章「有志竟成」中，曾詳細舉述：

「抵日本後，其民黨領袖犬養毅遣宮崎寅藏、平山周二人來橫濱歡迎，乃引至東京相會。一見如舊識，抵掌談天下事，甚痛快也。時日本民黨初握政權，大隈爲外相，犬養爲之運籌，能左右之。後由犬養介紹，曾一見大隈、大石、展崎，此爲予與日本政界人物交際之始也。隨而識副島種臣及其在野之志士如頭山、平岡、秋山、中野、鈴木等，後又識安川、犬塚、久原等。各志士之對於中國革命事業，先後多有資助，尤以久原、犬塚爲最。其爲革命奔走始終不懈者，則有山田兄弟、宮崎兄弟、菊池、萱野等。其爲革命盡力者，則有副島、寺尾兩博士。此就其直接於予者而略記之，以識不忘耳。其他間接爲中國革命黨奔走盡力者尚多，不能於此一一悉記，當俟之革命黨史也。」

貳、民初的中日關係

孫先生領導的革命運動，於歷時一十七年並經歷十次挫敗之後，終於在一九一一年的辛亥革命中獲得成功：推翻了君主專制的滿清政府，創立了民主共和的中華民國。

孫先生當選為中華民國首任臨時大總統，他得到海內外中國人的熱烈擁護。日本朋友們也特別興奮，有人前往香港和上海去迎接他回國，有人應聘為中華民國臨時政府的顧問，也有人在日本國內發動組織主張親善的民間團體。可惜當時的日本西園寺公望內閣未能給予中華民國政府以有利的支持，少數陰謀份子且曾在中國北部秘密進行破壞活動。

孫先生為避免中國南北的分裂，主動將大總統職位讓給北方的袁世凱，但後來事實證明，袁世凱並不忠於中華民國。孫先生主張在外交上採聯日政策，他於一九一三年二月到日本訪問，受到日本朝野的歡迎。但由於宋教仁被刺案的發生，孫先生不得不趕回中國，開始策劃以討伐袁世凱為目標的二次革命。旋不幸失敗，孫先生和其同志再度來到日本，在東京組成中華革命黨，繼續討袁革命。日本民間志士萱野長知、頭山滿等，也曾給予中華革命黨相當的協助，但令人感到震驚的是日本的大隈重信內閣竟於一九一五年一月向中國提出了苛刻的二十一條要求，這當然使孫先生和他的同志們以及其他愛國志士，感到失望和不滿。

袁世凱的帝制運動終於至一九一六年被推翻，此時孫先生又回到上海。但北京政府仍為北洋軍閥所控制，毀法亂紀，民不聊生，於是孫先生又不得不去廣州建立革命政府，繼續為維護中華民國法統而奮鬥，是為護法運動。可惜日本當局缺乏遠見，既藉口參戰進兵山東，又支持北洋軍閥禍國殃民，對於孫先生的忠告充耳不聞，因而中國廣大的民眾開始對日本不滿，一九一九年五四運動以後，青年學生的反日思想也在急劇的增長。

一、辛亥革命與民國創建

一九一一年十月十日，革命黨人在武昌起義，各省相繼響應，竟能於短短兩個月內，結束了中國四千多年的君主專制政體，建立了亞洲第一個民主共和國。

武昌起義時，孫中山先生正在美國各地宣揚革命主義，籌募革命經費，聞武漢光復消息後，立即由美國趕往歐洲，爭取英、法等國的支持，隨經新加坡、香港，於十二月二十五日返抵上海。二十九日，光復各省集會選舉孫先生爲中華民國第一任臨時大總統。

一九一二年一月一日，孫中山先生在南京宣誓就職，中華民國政府正式成立。同時並發布宣言書，揭櫫新政府的對外政策爲：「與我友邦益增睦誼，持和平主義，將使中國見重於國際社會，且將使世界漸趨於大同」。當時列強中與中國關係最密切者莫過於日本，而日本對中國革命的態度，誠如孫先生所說：「民間志士不獨表同情於我，且向有捨身出力以助革命者，惟其政府之方針實在不可測」。在這種情況下，中國新政府與日本政府之關係十分微妙，而幾位曾經贊助中國革命的日本友人，則爲中華民國政府延聘爲顧問，協助新政府的施政。

二、孫中山先生訪問日本

一九一三年二月，孫中山先生以籌辦全國鐵路全權的名義應邀赴日本訪問，這是孫先生首次亦是唯一的一次官式訪問，受到日本朝野人士的熱誠歡迎。

孫先生這次訪問日本的主要目的，除了想加強中日兩國間的經濟合作外，並打算與日本訂定盟約，以箝制俄國侵略外蒙、英國進犯西藏。因此在日本的四十天期間，除與日本實業界領袖澁澤榮一等議定中日合資創立「中國興業公司」，希望運用日本資金開發中國富源，以達成其爲人民謀福利的實業計畫；並兩與軍人政治家桂太郎密談，前後約十五、六小時，在會談中桂太郎表示：「中國有一孫先生，今後可以無憂。希望基於我們兩人的互相信賴，解決被英國所統治的印度問題，要是能達到這個目的，則日本不愁沒有『移民』和『貿易』地區。也就決不會作出侵略中國的拙劣政策。至於大陸的發展，應該由中國負責。中日兩國如果和好，東半球的和平便可以保持。」

一九一三年二月十三日，孫中山先生自上海啓程赴日本訪問，孫先生這次訪問日本，計劃與日友商討成立中日經濟合作，並計劃成立「中國興業公司」。但因國內政局發生變化，國民黨代理理事長宋教仁於一九一三年三月二十日被暗殺，孫先生因於三月二十三日啓程返國。

三、討袁與中華革命黨

袁世凱原本對民主政治沒有眞正的認識，自繼任中華民國臨時大總統後，逐漸暴露其專制的野心。他旣派人暗殺宋教仁；旋又未經國會同意，擅向五國銀行團訂立借款二千五百萬鎊合同，以爲鎭壓革命勢力的資金；繼於六月免除李烈鈞、胡漢民、柏文蔚等三位國民黨籍都督的職務。

當宋案爆發後，孫先生由日返國，主張起兵討袁，但因部分同志不贊成而作罷，及三位都督相繼遭免職後，李烈鈞乃於七月十二日在江西湖口首先起兵討袁，黃興、陳其美等繼之，是爲「二次革命」。唯因起事過遲，又步驟不一，雖然先後起兵者六、七省之廣，討袁兵力總計逾十萬人，然仍相繼失敗。不僅革命武力盡被消滅，革命組織亦告瓦解。

孫先生於二次革命失敗後，東渡日本。他懲前毖後，決心重建革命陣營，準備繼續討袁行動，至一九一四年七月八日，中華革命黨遂在東京正式成立。

中華革命黨成立後，制定革命方略，並派遣各省中華革命軍司令長官，及各地革命軍司令官，分別潛返國內各地發動討袁軍事。

四、第一次世界大戰與遠東

一九一四年七月，第一次世界大戰爆發，歐洲列強大多捲入戰爭，無暇顧及遠東，日本乃趁機出兵青島，奪取德國在中國的權益，並利用袁世凱企圖稱帝的野心，提出苛刻的二十一條，迫使中國政府接受。

一九一七年，日本再度利用中國混亂的政局，唆使北京政府對德絕交、參戰，希望藉此攫取更多的利益。孫先生對於中國是否應參戰這個問題，撰述「中國存亡問題」一文，析論中國參戰之利弊得失，反對中國參戰，文中對中日關係，曾有如下一段言論：

「中國今日欲求友邦，不可求之於美、日以外。……而日本以同種同文之故，其能助我開發之力尤多。必使兩國能相調和，中國始蒙其福，兩國亦賴以安，卽世界之文化亦將因以大昌。」

然而日本政府卻漠視孫先生的期望，竟支持北京政府對付南方革命勢力，並大肆施行其侵略政策。終於引起中國民衆的不滿，發起抵制日貨運動。

參、蔣中正先生與日本

孫中山先生的忠實信徒亦是他革命事業的繼承者，是第二次世界大戰期間同盟國四大領袖之一的蔣中正先生。蔣先生早年留學日本，研習軍事科學，對日本的立國精神及政治文化狀況，都有深刻的瞭解，在日軍高田砲兵聯隊中的見習生活，對蔣先生的體魄、性格和軍事方面的技能，都有很大的影響。

一九一一辛亥革命爆發後，蔣先生應上海革命領導人陳其美的電召，與同學張羣一道回國，為革命効力。他曾率領一支敢死隊，光復了浙江省城杭州。其後擔任上海革命軍第二師第五團團長，初步展露其軍事長才。及南北議和中國復歸於統一，蔣先生再赴東京，一面進修德文，一面則創刊一份軍聲雜誌，以討論中國革命曁國際政治問題。

一九一三至一九一六年的討袁行動中，蔣先生是一位積極而勇敢的革命軍指揮官。他於一九一四年到達東京，曾有東北之行。一九一五年十月，他再回到上海，策劃並參加了上海肇和艦起義反袁及革命軍攻佔江陰要塞等戰役。一九一六年七月，他曾受任為中華革命軍東北軍參謀長，表現卓越。

一九一七年八月，孫中山先生南下廣州建立軍政府，主持護法，蔣先生奉命留在上海，負責與各方面聯絡。一九一八年夏，一度受命至汕頭陳炯明部粵軍中工作，一九一九年在上海，同年十月間，奉孫中山先生之命到日本訪問，並曾與寺尾亨、萱野長知、頭山滿等談論東亞情勢。

蔣先生也代表孫先生，向病中的犬塚信太郎，表示慰問之忱。

肆、北伐前後

中國國民革命的目的在統一中國，並建設中國成為民族獨立，民權普遍，民生樂利的新國家。孫中山先生於一九二四年九月曾督師北伐，由於北方發生政變，電邀孫先生北上，孫先生乃於十一月自廣州經上海、日本前往天津、北京。他於經過日本神戶時，曾講演「大亞洲主義」，認為日本的廢除不平等條約，就是亞洲民族復興的起點，日本應秉持東方的王道文化，抵制西方的霸道文化。但日本的政策却是步武西方列強的後塵，因此孫先生對日本提出忠告：「究竟是做西方霸道的鷹犬，或是做東方文化的干城，就在你們日本國民去詳審慎擇。」

孫中山先生到了北京，不幸於一九二五年三月十二日逝世。國民革命的領導大任就由蔣中正先生承擔起來，僅僅是三年又四個月，蔣中正先生便統率國民革命軍完成了北伐統一的大業，他於革命軍光復北京後，即親往西山碧雲寺孫先生靈前，敬謹祭告。

蔣先生北伐期間，亦數遭橫逆。有中共黨徒的破壞，也有日本軍閥的阻撓。蔣先生曾於一九二七年九月至十一月間訪問日本，並發表「告日本國民書」，盼日本政府協助中國的統一與建設，從而確立兩國親善合作的基礎。無如田中義一首相見不及遠，竟悍然出兵山東阻撓北伐，釀成濟南慘案之悲劇，於中國國民心理中更加深了抵制日本侵略的烙印。

一、孫中山先生對日本的最後勸告

雖然日本政府對於孫中山先生領導的護法政府未能支持，其侵略中國的行動亦未中止，但孫先生基於同文同種的情誼，對於日本朝野仍有所期盼。一九二三年十一月，當他獲悉犬養毅入閣後，卽寫了一封長達三千餘字的長信致犬養毅，詳論亞洲與世界形勢，勸告日本放棄侵華政策，以維護東亞安寧。

一九二四年十一月，孫先生應邀北上，途經日本，於二十八日在神戶第一高等女學校講演「大亞洲主義」，指出大亞洲主義，「簡而言之，就是文化問題，就是東方文化和西方文化的比較和衝突問題。東方的文化是王道，西方的文化是霸道；講王道是主張仁義道德，講霸道是主張功利強權」，孫先生勸告日本民族，「你們……既得到了歐美的霸道的文化，又有亞洲王道文化的本質，從今以後對於世界文化的前途，究竟是做西方霸道的鷹犬，或是做東方王道的干城，就在你們日本國民去詳審愼擇」。這是孫先生一生最後一次訪問日本，其言論誠足發人深省。

一九二五年三月十二日，孫中山先生病逝於北京。犬養毅聞訊表示：「先生爲中國革命生，更爲中國革命死；無先生卽無今日之中國。先生凡所作爲，實古今中外歷史上第一人。此次之死，不獨國民黨受打擊；卽全中國、全世界東西民族皆受打擊也。」

二、國民革命軍出師北伐

一九二六年七月九日，國民革命軍出師北伐，進展十分迅速，至一九二七年三月二十三日，攻佔南京，不料蘇俄及中共趁機製造事件，傷害外僑，引起英、美停泊下關的軍艦向南京開砲，中國軍民傷亡數十人，是爲「南京事件」。

時日本外相幣原喜重郎遵循不干涉中國內政的方針，對於列強提議的「共同出兵」、「最後通牒」都沒有參加。但是日本軍閥對幣原的對華政策十分不滿，指責爲「軟弱外交」加以猛烈的抨擊，結果促成田中內閣之成立。

田中義一時爲日本政友會總裁，於一九二七年四月受命組閣，自任首相兼任外相，一反幣原所爲，推動所謂對華積極政策。——卽對國民革命軍北伐，進行干涉。

三、蔣中正先生再度訪日

一九二七年八月，蔣總司令爲促進中國國民黨內部團結，通電辭職下野，旋於九月二十八日啓程赴日本訪問。蔣先生此行的主要目的，在考察日本政治經濟，並會晤日本友人，而這也是蔣先生最後一次訪問日本。此外，蔣先生並獲得宋太夫人同意他與宋美齡女士的婚約。蔣先生發表了一篇「告日本國民書」，希望「日本七千萬同文同種之民族，對於我中國革命運動，澈底了解，而予以道德及精神之援助」，「中國革命成功之遲速，其於中國之禍福，與貴國之安危關係，皆同一密切，無所輕重，故吾人甚望我兩國國民，在共同努力於東亞和平責任之上，迅速完成中國國民革命。」

十一月五日，蔣先生與日本首相田中義一會談。蔣先生對此次會談寄予很大的期待，結果却令他失望。蔣先生在日記中記其感想：「綜核今日與田中談話之結果，可斷言其毫無誠意，中日亦決無合作之可能，且知其必不許我革命成功；而其後必將妨礙我革命軍北伐之行動，以阻止中國之統一，更灼然可見矣。」

十一月八日，由神戶登船返國。旋受各方面籲請，繼續執行國民革命軍總司令職務。

四、日本出兵山東阻撓北伐

田中義一內閣侵略中國的第一步行動，是於一九二七年五月，以保護山東僑民爲藉口，調派二千名陸軍在青島登陸，企圖阻撓北伐。後因北伐軍事暫時停止前進，日兵亦撤，是爲第一次出兵山東。

一九二八年四月，國民革命軍發動第二期北伐的總攻擊，直趨山東。田中內閣復以護僑爲藉口，第二次出兵山東。五月一日，北伐軍克復濟南，三日，日軍對濟南發動攻擊，並槍殺中國外交部交涉員蔡公時及無辜軍民，釀成「五三慘案」，企圖阻撓革命軍之北伐及中國之統一。

五、北伐告成

「五三慘案」發生後，蔣中正先生洞悉日本之企圖，在阻撓中國統一，乃忍痛下令各軍退出濟南，繞道北上。五月二十八日，蔣先生下令北伐軍全線總攻擊，勢如破竹，直指天津、北京。盤據北京的張作霖見大勢已去，於六月二日下令退返東北，不料於六月四日為日人炸斃在奉天附近之皇姑屯車站。

一九二八年六月六日，國民革命軍克復北京，明令改稱北平，北伐軍事結束。七月六日，蔣先生代表中國國民黨中央執、監委員會及國民政府，親率第二、三、四集團軍總司令赴北平西山碧雲寺孫中山先生靈前，祭告完成北伐。十二月二十九日，張學良等東北將領通電易幟，全國統一。

伍、敵乎？友乎？

日本軍國主義的興起，使日本政黨政治失去作用，也帶給中華民國極大的災難。一九三一年九月十八日瀋陽事變的發生，中國固有喪權失土的恥辱，日本也正如幣原喜重郎所說：佔領中國東北無異吞下了一顆定時炸彈。

在狂妄的少壯軍人的刀劍下，犬養毅喪失了他的性命。軍閥們像脫韁之馬，一意向侵略中國的道路上狂奔。一二八事變、長城戰役、天羽聲明、藏本事件等，接踵而至，華北已出現空前緊張的局面。就在此刻，蔣中正先生借用徐道鄰名義，發表了有名的專文「敵乎？友乎？」，對中日關係作了冷靜客觀的檢討，指出了中日雙方各自的錯誤，尤其希望日本當局「直認事實，懸崖勒馬」，循「解鈴還須繫鈴人」的古訓，主動承當起打開僵局的責任。

蔣先生的話，言出肺腑，不少日本人士也為之感動，深佩蔣先生的卓識遠見。一九三五年十二月，蔣先生復明白宣告中國對日本侵逼的忍讓亦有其限度，和平到了絕望，犧牲到了最後關頭，中國政府就必然會奮起抵抗，不惜犧牲。但日本當局根本不考慮改變政策，兩國間不和諧的關係絲毫未見改善。

九一八事變之後，中國民間的抗日情緒趨於高漲，中共復從而煽動之，蔣先生本人及國民政府都受到極大的誤會和責難。蔣先生忍辱負重，在安內攘外的國策下，一方面努力於國家的統一，一方面於艱苦的環境中大力推動國家建設。結果成就輝煌，被國際友人們稱之為「黃金十年」。一九三六年十二月「西安事變」和平解決後，蔣先生已是無可爭議、舉世公認之中華民國的偉大領袖。日本石丸藤太著書，也不禁為「蔣介石偉大」。

一、九一八！一二八！長城戰役！

一九二九年六月三日，日本政府承認中華民國國民政府；七月二日，田中内閣結束，濱口雄幸内閣成立，再以對中國有相當認識的幣原喜重郎爲外相；十月，任命對中國態度友善的佐分利貞男爲駐華公使，兩國關係出現好轉的曙光。但是幣原的對華態度却受到日本軍國主義者的激烈攻擊，指爲「幣原軟弱外交」，而欲對中國採取積極行動，遂以一九三一年五月至七月間發生的萬寶山事件和六月至八月發生的中村事件爲藉口，激發日人不滿情緒，並增兵南滿，作擴大侵略準備。

一九三一年九月十八日晚十時三十分，日本關東軍自行派人把瀋陽城外柳條溝車站附近之南滿鐵路路軌炸毀，誣爲中國軍隊所爲，開始轟擊北大營的中國駐軍，次晨卽將東北政治中心的瀋陽完全佔領，並同時攻佔了長春、營口、鞍山、撫順等十八座城市，此卽慘痛的「九一八」事變。之後，日本軍閥卽如幣原形容的「狂奔」，展開了一連串的侵略中國行動。

二、蔣先生的忠告

一九三四年十二月，蔣中正先生以徐道鄰名義發表「敵乎？友乎？」一文，實爲對日本的嚴正忠告，要求日本檢討對華認識之錯誤，採取主動步驟以化解中日間的僵局。但是日本當局未能接受這項忠告，反而由軍事和外交兩途進一步壓迫中國；軍事上侵逼華北，策動所謂「華北自治」，外交上要求國民政府承認「廣田三原則」。

一九三五年十一月十九日，蔣先生在中國國民黨第五次全國代表大會講演對外政策時，提出了所謂「最後關頭」，表示「和平未到完全絕望之時，決不放棄和平，犧牲未到最後關頭，亦決不輕言犧牲」。翌年七月十三日，蔣先生在中國國民黨五屆二中全會中，對「最後關頭」做了進一步的詮釋，指出「中央對外交所抱的最低限度，就是保持領土主權的完整，任何國家要來侵擾我們領土主權，我們絕不能容忍」。然而日本軍閥不理會蔣先生這個宣告，悍然發動了盧溝橋事變，演成長達八年的戰爭。

三、國民政府忍辱負重

當中國外受日本侵逼的同時，內部也正面臨着中共的叛亂活動。蔣中正先生基於「攘外必先安內、去腐乃能防蠹」的原則，決定「先安內而後攘外」，對中共進行了五次圍剿，終於迫使少數殘餘共軍流竄至陝北。

在內憂外患交相煎逼之情勢下，國民政府整軍經武，積極從事國家建設，使中國在北伐完成至抗戰開始的十年間，無論在政治、經濟、教育、文化等各方面均有長足的進步。被稱譽爲「黃金十年」。事實證明，國民政府爲了爭取長期抗戰的準備時間，作忍辱負重的退讓，至爲明智。國民政府自一九三六年初，開始與日本進行「調整國交」的談判，雖然因日本對中國之侵略行動日益升高而難有進展，但卻因此而使國民政府獲有一年半的時間，得以推進國家建設，國力日強。

四、西安事變

一九三六年十二月十二日，西北剿匪副司令兼代總司令張學良與陝西綏靖主任兼第十七路軍總指揮楊虎城，在中共以抗日救國爲號召的統戰政策煽惑下，合謀發動政變，刼持正在西安的軍事委員會委員長蔣中正先生，要求改組政府，停止剿共，出兵抗日。此一事件，史稱「西安事變」。

西安事變發生後，全國輿論一致譴責張、楊，中央立卽明令討伐。所幸張學良及時悔悟，於十二月二十五日親自護送蔣先生飛返南京，並自請處分。蔣先生脫險消息傳出後，舉國歡騰，欣喜若狂，而對半個月間，全國同胞所表現的熱烈情緒，足以顯示「全世界認識中華民族是個有組織的民族，中華民國是個有力量的國家。」

日本當局自然非常關切西安事變演變的結果。及西安事變和平解決，日本當局觀察中國情勢，認爲國民政府的抗日政策將會迅速加強，遂加緊侵略中國的步伐，作先發制人之準備，終於在七個月之後，全面侵華戰爭爆發了！

陸、八年戰爭

一九三七年七月七日盧溝橋事變發生，卻演變為中日兩國間長達八年之久的戰爭。中華民國為自衛而戰，亦係為反侵略而戰，雖頗獲得民主國家的同情和支持，但仍面對敵與友之重重封鎖困阨。直至一九四一年十二月太平洋戰爭爆發後，蔣先生始為盟國推任為中國戰區（含越南、泰國）最高統帥，中國國際地位亦一躍而為四強之一，且歷時達一百年之久之不平等條約的恥辱，也為之解除湔雪。

一九四三年十一月，蔣先生以中華民國元首身分，與美國總統羅斯福，英國首相邱吉爾會議於開羅，發表了有名的開羅會議宣言，為戰後亞洲確立了和平的基礎。尤其重要的，當羅斯福總統向蔣先生詢問對戰後日本天皇處置的意見時，蔣先生主張由日本國民自行決定。這一意見，為羅斯福總統接受，戰後日本天皇之地位乃獲保全。

一九四五年八月十四日，日本宣布接受波茨坦宣言，向盟國無條件投降。次日，蔣先生以國民政府主席身分在重慶向全國軍民廣播，聲明對日人採取「不念舊惡」「與人為善」政策，要求中國民眾不要對日軍日僑報復。中國政府並在復員行動極其艱困中，仍迅速將二百萬以上的日俘日僑遣返，不同意蘇俄分割日本的佔領方式，最後並放棄對日本要求賠償的權利。這一寬大政策，日人常稱之為「以德報怨」，是一頁不可或忘的光榮歷史，在世界任何國家任何戰爭中，都無先例。蔣先生為何這樣做？他曾函告田中角榮：「本人關懷日本，與人為善，五十年如一日，無他，視貴國為弟昆，求兩國之共榮而已。」

一、中華民族為自衛而戰

盧溝橋事變發生後，蔣中正先生於七月十七日在盧山嚴正表示：「最後關頭一到，我們只有犧牲到底，抗戰到底」，「盧溝橋事變的推演，是關係中國國家整個的問題，此事能否結束，就是最後關頭的境界」，「萬一真到了無可避免的最後關頭，我們當然只有犧牲，只有抗戰！但我們的態度只是應戰，而不是求戰」，華北日軍於七月二十六日向二十九軍提出最後通牒，二十八日開始全面進攻，北平、天津相繼淪陷。三十一日，蔣先生正式宣告中外：「中華民國政府有保衛國土，維護主權，保護人民的責任。現在政府唯一的急務卽在實施它旣定的計劃，領導全國軍民爲保衛國土而奮鬥到底。」

二、中國成為四強之一

一九四一年十二月八日，日本海、空軍偸襲美國太平洋海軍基地珍珠港，太平洋戰爭遂告爆發。中國的抗日戰爭至此成爲第二次世界大戰的一部分，國民政府於同月九日正式對日本及德、義宣戰。

一九四二年元旦，全世界對日、德、義作戰的二十六個國家，在華盛頓發表了「聯合國共同宣言」，宣言由美、英、蘇、中四國領銜簽署，其餘二十二國則依國名字母的順序簽字；同時由於中國已獨立奮戰了四年半之久，爲亞洲地區的主戰場，同盟國方面經由羅斯福總統提議，正式推舉　蔣委員長爲中國戰區最高統帥，肩負起中國及越南、泰國等地區聯軍部隊的總指揮任務。中國自此成爲四強之一。

一九四二年十月十日，美、英兩國政府同時通知中國，願意廢棄治外法權，並以平等互惠原則訂立新約。翌年一月十一日，中美、中英平等新約分別在華盛頓、重慶簽訂，一百年來，中國所受各國不平等條約的束縛，至此根本解除。

三、開羅會議

一九四三年八月一日，國民政府主席林森逝世；九月十三日，中國國民黨第五屆中央執行委員會第十一次全體會議選舉蔣中正先生爲國民政府主席兼行政院長；十月十日，蔣先生宣誓就任國民政府主席。

是年十一月二十二日至二十六日，中、美、英三國領袖在埃及開羅舉行會議。會議討論的範圍十分廣泛，大體分爲政治、經濟、軍事三類。蔣主席對戰後日本天皇制主張不予干涉，由日本國民自決，意卽主張維持。十二月三日，三國領袖發表宣言，保證戰後扶植韓國獨立，並將日本所攫取之中國領土如東北四省、臺灣、澎湖羣島等歸還中華民國。宣言全文雖僅二百五十字，却如中國歷史學者梁敬錞所言：「五十年來之日本遠東霸局，乃爲一變」。

四、蔣先生戰後對日政策

一九四五年八月十五日，日本宣布接受波茨坦宣言，向同盟國投降，中日兩國自盧溝橋事變以來，長達八年的戰爭，亦告結束。

蔣中正先生在戰時卽曾指出：「中國抗戰的目標完全爲保持民族的生存和國家的獨立，所全力奮鬥者就是必須敵軍完全撤退於我國境以外，恢復我領土主權與行政之完整，我們對敵閥誠然痛恨，而對於日本民族毫沒有要害他的意思，更不願與日本無辜人民結成世世不解的深仇」，「中國祇認日本軍閥爲敵，不認日本之國民爲敵，我們決殲滅敵軍，但從沒有仇視日本民衆的意思」。因此蔣先生以國家元首地位，於戰爭結束後，立卽發表文告，聲明國對日本不採報復手段，籲請人民對日本「不念舊惡」及「與人爲善」。

蔣先生日記摘錄：

民國三十四年九月九日

本日為革命第一次在廣州起義紀念日，而日本在南京投降典禮正於今日舉行，實為本黨五十年革命光榮與勝利的一日，然而東北失地仍在俄軍之手，而且新疆各重要地區亦皆為俄國傀儡哈匪着着叛亂而喪失，因之廸化演成風聲鶴唳朝不保夕之局，而且外蒙問題亦未解決，國恥重重，可說抗戰以來局勢未有甚於今日者，故人以為榮，而余則萬分憂辱，嗚呼！抗戰雖勝，而革命並未成功，第三國際政策未敗，共匪未清，則革命不能曰成也。勉乎哉！

柒、戰後中日關係滄桑

戰後，日本却比中華民國幸運。日本只忍受了短暫的辱國苦痛，很快就恢復了獨立並步入突飛猛進的發展坦途。中華民國却因戰時的損傷過劇以及中共的全面叛亂，致使國家的重建工作無法進行，政府並因戡亂失敗而播遷到臺、澎、金馬。這是日本侵華造成的悲劇！

由於蘇俄和中共共產主義的擴張，國際間也為姑息氣氛所瀰漫。不僅中華民國未被邀請出席於金山和會，卽一九五二年中日間和平條約的締結，也並非完全順利。甚至早年曾協助孫中山先生革命的幾位日籍友人及其家屬，竟也改變了一向對中華民國友好的態度。所幸幾位日本有擔當的政治領袖吉田茂、岸信介、池田勇人、佐藤榮作，均能篤守道義，並能從大處遠處去盱衡世局，因而使中日兩國的關係，能在大致平衡的情勢下，維持了近三十年。當然，三十年間也不只一次的出現逆流，如長崎懸掛中共偽旗，維尼龍工廠貸款出售，以及周鴻慶要求投奔自由受阻等事件，都給人們留下了不愉快的回憶。

兩國的元老政治家們——中華民國的張羣、何應欽，日本的吉田茂、岸信介，為兩國的和諧關係所付出的智慧，是令人肅然起敬的。一九六四年二月吉田茂之適時訪華及四月間所提出的「吉田書簡」，確曾使兩國關係「轉危為安」，並又延續了幾近八年。

一九七一年十月，中華民國退出聯合國，再度遭受到國際逆流的衝擊。十一個月以後——一九七二年九月，日本新任首相田中角榮搶先訪問了北平，並宣布與中共建交，與中華民國斷交——這是國際外交史上最不光彩的一幕。

一、中日和約的簽訂

一九五一年九月，同盟國在舊金山舉行對日和會。中華民國是對日本的主要交戰國，對日和約的簽訂必須受到應有的尊重，但是由於蘇俄和英國的阻撓，致使中華民國未能出席和會。對於此事，蔣中正先生以中華民國總統身分，發表鄭重聲明：「中華民國政府參加對日和約之權絕不容疑，中華民國政府僅能以平等地位參加對日和約，任何含有歧視性之簽約條件均不接受，任何違反中華民國上述嚴正立場而訂立之對日和約，不但在法律上及道義上喪失其力量，抑且在盟國共同作戰之歷史上永留不可洗滌之錯誤」。

金山和約簽訂後，中華民國與日本在美國居間協調下，隨即展開了締結雙邊和約的交涉。中華民國的基本立場是：

一、中華民國必須維持與對日作戰各盟國平等的地位。

二、中日雙邊和約，應與金山和約內容大體相同。

三、日本必須承認中華民國對中國全部領土的主權。

經美國國務院派遣特使杜勒斯往來磋商，中日和會終於一九五二年二月二十日在臺北正式揭幕。由於日本方面在和約名稱及適用範圍等方面，屢提異議，致中日和約在幾經磋商折衝下，始於四月二十八日簽訂，同年八月五日生效。

二、友好合作二十年

一九五二年中日和約簽訂後，中日兩國之間的戰爭狀態結束，恢復了正常關係，從這時起到一九七二年中日斷交止，兩國維持了二十年的正式外交關係。

中日和約生效後，蔣先生於接見「每日新聞」總編輯橘善守時，誠懇告以：「未來中日關係應以相互誠意合作爲基礎，這是我一貫的信念和行爲」。而在中日兩國維持正常關係的二十年間，無論在政治、經濟、學術、國際事務等方面亦多能在這一基礎上相互合作，同時爲了進一步加強兩國關係，除了兩國政府首長相互訪問，並透過兩國民間人士，先後成立了「中日文化經濟協會」、「中日合作策進委員會」、「中日關係研究會」等組織。

在這二十年間，兩國亦曾因所處政治環境不同，對若干事務觀點有所出入的情況下，發生了幾件影響兩國關係發展的事件，其中尤以一九六三年十月的周鴻慶事件，一度使中日關係瀕臨復交以後的最大危機，幸賴蔣先生的諒解與中日兩國有遠見政治家的斡旋，方逐一渡過。

三、中日斷交與蔣先生逝世

一九七二年九月二十九日，日本田中角榮內閣，宣布與中共建立外交關係之當日，中華民國外交部宣布對日本斷交，但同時聲明：「中華民國深信：田中政府的錯誤政策，並不影響日本國民對蔣總統深恩厚澤的感謝與懷念；我政府對所有日本反共民主人士仍將繼續保持友誼」。

一九七五年四月五日下午十一時，蔣中正先生因心臟病逝世於臺北士林官邸，享年八十九歲。消息傳出，舉世震悼，而日本朝野感念蔣先生遺德，尤爲哀慟。十六日蔣先生靈櫬舉行奉厝大典，日本民間人士組成了三個龐大的弔唁團赴臺北弔祭。代表中包括了兩位前任首相——岸信介及佐藤榮作，一位前任衆議院議長——石井光次郎，數十位前任內閣大臣及現任國會議員與財經、文化、新聞各界的領袖。在東京更有日本政要及各界名流與民衆兩萬餘人參加了蔣先生的追悼會，由日本前衆議院議長船田中代表恭讀祭文，表達日本國民對蔣先生無限的哀思。

捌、合則兩利

中華民國退出聯合國以後，國際間瀰漫一種汚穢氣氛是卽中華民國喪失聯合國席位和大國的支持下，將不可能長期保持其獨立地位和優越條件。

事實卻證明這是一種錯誤。中華民國仍然巍立屹立，而且在經濟發展上繼續其驚人的進步。與中華民國維持實質關係的國家在九十國以上，在國際組織與國際社會中仍然十分積極而且是卓著貢獻的一員。這種近乎奇蹟的現象的出現，主要的是由於蔣經國總統的睿智和魄力，執政的中國國民黨的明智決策，以及全體國民的辛勤經營和勇於創業——勤勞儉樸本來就是中國人的美德。

就中日關係而言，斷交十四年來的經驗，確使不少人體驗到合則兩利、分則兩害的眞理。中日間的斷航與復航就是明顯的事例。在經濟上，日本一直在從鉅大的順差中獲致最多的利益。在文化交流以及國民旅遊方面，較之斷交以前更加頻繁。不少日本政界領袖及民間人士，確已發現，只有中華民國政府和人民，才是日本眞誠的、永恒的友人。歷史上，中華民國政府和人民實無絲毫有負於日本，蔣中正先生對戰後日本的惠澤尤深。

共進共榮，共策世界和平，是兩國人民共同的願望；互信互助，則是創造共同福祉，共同利益的先決條件，懲前毖後，兩大民族的領袖和民衆們，應當吸取歷史上的經驗和教訓；為創造更多的福祉和更和諧的關係，而排除任何困難，並無畏於任何壓力，以自立自主的精神，作可大可久的策劃。

一、蔣經國先生的擔當

當蔣中正先生逝世，日本各新聞傳播媒體除以相當篇幅報導此一不幸消息外，亦均以「蔣經國時代來臨」爲標題預測中華民國政局的前途，足證蔣經國先生已被中外人士肯定爲中華民國的新領袖，他將領導中華民國政府和人民繼續在建設國家的道路上前進，以完成中國的統一大業爲目標。

蔣經國先生從基層地方行政官員做起，有四十年的經驗，以勤政愛民著稱。自一九七八年起當選爲中華民國總統，表現了最高的領導智慧和魄力，使中華民國雖處於困難環境中，無論政治、經濟、教育、社會、文化等各方面均有飛躍的進步，已由開發中國家邁向已開發國家之林。他曾於一九六七年十一月，以國防部長身分應邀訪問日本，受到相當於國家副元首的非常禮遇，在拜會日本衆議院議長石井光次郎時，特別強調：「要謀遠東的和平安定，必須中日兩大民族合作。中日兩國在今日的情形下，合則兩利，分則同害。」當爲兩國遠見之士，永銘在心。

二、歷史的鑑戒

中日斷交前夕，當時擔任中華民國行政院長的蔣經國先生曾對專程訪華說明此事的日本特使椎名悅三郎表示：「希望日本的政治家將眼光放遠、放大，明辨敵友、利害，千萬不可蹈過去發動侵華戰爭的日本軍閥之覆轍，又鑄成歷史性的錯誤，再度傷害中國人民，並陷日本民族本身於另一刼運。」

中日斷交，確是中日關係史上，一件非常不幸的事實。所幸兩國有識之士卻能深切體會蔣經國先生這段話的眞意，在中日兩國民間人士支持下，亞東關係協會及日本交流協會分在臺北、東京成立，負責推動兩國的實質關係，而且卓有成效。

斷交後的中日關係，一度曾因日本政府表示「不以爲青天白日旗爲國旗」而肇成中日斷航一事，陷入低潮，使兩國均蒙受損失。但自一九七五年日本政府對中華民國採取了較爲合理的態度，中日復航，兩國關係乃再呈現持續而穩定的發展。以經貿關係爲例，自一九七五年以來，每年中華民國自日本輸入商品值佔輸入總值之比例，總在百分之三十左右，一九八四年佔百分之二九・三，爲中華民國最大商品供應國；同時日本也是中華民國貨品主要輸出國之一，一九八四年的對日輸出比重爲百分之一〇・五，僅次於美國。

此外自中華民國開放出國觀光後，日本便一直是最主要的觀光國家之一，每年赴日本觀光的人數總佔全年出國觀光總人數之冠，這亦有助於兩國實質關係的發展。相信中日關係在兩國人士「不重蹈歷史覆轍」的體認下，今後會發展的更穩健、更順利。

三、珍貴的友誼

「蔣介石秘錄」的編者古屋奎二曾說：「回顧日本與中華民國二十世紀八十年來的歷史，大多數的日本人認爲『蔣介石』的名字是中華民國的代名詞，因此日本與中華民國的關係，也可以是日本與蔣總統的關係。」，歷史的事實確是如此，蔣先生與日本有著十分密切的關係。

蔣先生逝世後，爲使日本國民永誌不忘蔣先生的盛德偉業，產經新聞特醵資在箱根興建中正堂，於一九七八年四月五日揭幕，何應欽將軍應邀剪綵，並以蔣先生前佩劍相贈，以供珍存。而日本文教界元老名流宇野精一、安岡正篤、石井光次郎、酒井忠夫等，亦以蔣先生爲中國近代化之偉大指導者，並感謝蔣先生對戰敗之日本，不念舊惡，採寬大政策，加惠日本戰後重建甚大，特請中華民國雕刻家朱銘，精鑄蔣先生銅像，於一九八〇年四月四日臺北市中正紀念堂落成之日呈獻，恭置於堂內；是日，日本國會議員亦組團專程前往參加中正紀念堂落成典禮。

今年適逢蔣先生百年誕辰，日本各界人士發起「蔣介石先生遺德顯彰會」，積極籌辦各項活動，以感念這位一代偉人對日本的恩澤，並教育日本青年瞭解中日關係的史實，彌足珍貴。相信這份珍貴的友誼亦將隨著中日合作關係的推展，永遠存在中日兩國人民心中。

近百年來的中日關係序文

陳鵬仁 譯

十九世紀の六十年代は、中国と日本の歴史にとって、ともに決定的かつ創造的な年代であった。中国近代革命運動の唱導者孫文先生は、一八六六年に生まれ、二年後に明治天皇は維新令を発布した。それからの歳月は、中国は革命によって自らを救う世紀を歩み、日本は拡張と進取によって好戦的な時代に入った。こうして、同文同種といわれ、車の両輪にたとえられてきた中日両民族は、違った道を進み、異なった境遇を経ることになる。

ところで、この百年来の中日関係を顧みる時、そこに大きな挑戦性と啓発性を見出だすことができる。すなわち、一方では強者が弱者を凌ぎ、少数の者が多数の者を虐げ、進取と落伍、および強大と腐敗の対照がみられ、他方では大所高所から、胸襟を開き、もってアジアの平和と繁栄を求めてやまぬ政治家たちの、絶え間ない忠告や戒めと果敢な行動があったからである。

たしかに、明治維新は日本の民族に富強と尊厳と繁栄をもたらした。しかし、五カ条の誓文の「大ニ皇基ヲ振起スヘシ」という観念は、その拡大解釈と誤った導きによって、いわゆる大陸政策が生まれ、一八七三年、朝鮮に条約の締結を強要し、一八七四年には台湾南部に兵を進め、その五年後には琉球を亡ぼして沖縄県に改めた。そして一八九四年中日両国は、朝鮮問題の紛争を契機としてついに正面衝突するに至った。これが例の日清戦争であり、この戦争に負けた中国は、領土を割かれ、賠償金を支拂わされるという無惨な憂目にあい、日本は万丈の気炎をはき、アジアの新しい主人を自認した。

一九〇〇年、日本は「義和団の乱」の際、「八国連合軍」に加わって、中国からより大きい権益を獲得し、一九〇四年、虎視眈々としていたロシアを破り、日本の声望と願望はその頂点に達した。吉田茂氏は、その著「日本を決定した百年」で、いみじくも「日露戦争の勝利は、明治維新の掲げた国家の独立という目標を達成したが、それによって日本人はその総目標を失った」と指摘した。

このように、「総目標」を失った日本人は、ヨーロッパ帝国主義の後塵を歩み、ひたすら侵略手段によってその狂躁妄想的栄華の実現を試みようとした。下関条約は朝鮮（下関条約後韓国と改称）の独立を保証したが、日本は一九一〇年にそれを併合してしまった。日露戦争後、中国の民衆は日本の勝利に拍手を送ったものであるが、日本は逆に南満州をその勢力範囲におさめ、そのうえ一九〇七年、ロシアと満州の権益を分割する秘密条約をあえて結び、中国人に「前門に虎を拒み、後門に狼を入れる」恐怖心を抱かせた。要するに、明治の日本の強大さは、アジアの平和と繁栄に助けとならなかったばかりでなく、かえって隣国の脅威とわざわいのもととなったのである。

しかし、中国の場合、事情は全く異なった。清朝は落伍し、あまつさえ腐敗にみち、中国民族の生存さえ維持できない状態に陥り、そこで心ある人々は、手に手を携えて自強救国の活動を起し、それにつれて維新運動が現われ、革命運動が展開された。そして度重なる失敗の教訓の中から、愛国の志士たちは、孫文先生の唱える国民革命こそが、中国民族の唯一の活路であることを見いだした。こうして革命の嵐は澎湃として吹きまくり、中国近代史の発展の主流を成すに至るのである。ともあれ、数多い中国歴史学者は、中国の近代史は、孫文先生と蔣介石先生によって指導され、中国民族の自由、平等、進歩と繁栄を求める革命の奮闘史であるという見解をとっている。

中国革命は、当初から日本と深いかかわりをもった。すなわち一八九七年、孫文先生はつとに宮崎滔天氏に、中国の革命は、「中国四億万の蒼生を救う」ばかりでなく、「亜東黄種の屈辱を雪ぎ、宇内の人道を恢復し擁護する」ものであると語ったのであった。

それ以後、孫文先生は日本を中国革命の画策の基地とするようになり、たとえば一九〇五年の中国革命同盟会および一九一四年の中華革命党は、ともに東京において成立したのであった。孫文先生は、日本の志士たちの中国革命援助を歓迎し、同盟会には「中日両国々民の連合」の主張が織りこまれた。じつさい、中国革命に身を投じた日本の志士は、数百にものぼった。孫文先生にとって、日本の維新と中国の革命は、ひとしくアジア民族の復興事業であり、たがいに力を合せて進めるべきものなのである。だからこそ、民国の初め頃、孫文先生は連日を主張したのであった。一九一七年に書かれた「中国の存亡問題」は次のように述べている。

「今日、中国が友邦を求めるならば、米国および日本以外の国に求めてはならない。**日本と中国の**

うと企図したものであった」だが、日本の政治家たちは、すでに日本の軍人の狂妄を制止する力もすべもなく、八年の長きにわたる中日両国の戦争は、ついに不可避的となった。

言うまでもなく、戦争は悲劇であり、災難である。ことに侵略戦争は恥辱であり、罪悪である。公平に言って、日本の軍閥はこの侵略戦争について責任を負わなければならない。覆うべくもなく、日本の軍隊は戦争中、中国大陸において数々の残虐行為をおこない、人類の文明に挑戦し、日本の伝統的武士道精神に泥を塗った。これは中日両国の最大の悲劇であり、絶対多数の中国人が切歯扼腕するところのものである。しかし、中華民国の元首であり、かつまた最高司令官でもあった蔣介石先生は、その遠大なる世界的識見と濶達磊落なる胸襟から、戦後の日本に対して歴史上類例のない寛大な政策をとった。それは東洋文化の中でも最も貴重な特質である、旧悪にこだわらず、怨に報ゆるに徳をもってするという政策である。

戦後の日本は、中国のそれに比べて幸運に恵まれたが、反面立国の目標を見失いつゝあるようにみうけられる。吉田茂氏は、「戦後の日本はたしかに幸運であった。しかし日本人がそれをうまくキヤッチしなければ、この幸運はたやすくマイナスの要因に変化するであろう」と述べられた。疑いもなく、日本は国際社会では経済の巨人であるが、政治の世界では侏儒である。なぜなら、幾つかの複雑な問題について、日本の政治家たちは、ややもすれば方向をあやまりがちだからである。そして一九七二年、田中角栄元首相が先を争って中共といわゆる外交関係を結び、中華民国と断交して国際的にイメージダウンしたことはその最も著しい例の一つであろう。

ともあれ、中日断交十四年後の今日、日本の有識者によって「蔣介石先生の遺徳を顕彰する会」がつくられ、蔣先生生誕百年を祝う色々な紀念行事が展開されつゝあるが、これは東洋文化の根深さのあらわれであり、まことにもって得がたいものである。それに断交後も、経済、貿易、文化および人的交流など、着実に発展を遂げつゝあって、双方ともどもその利益を蒙っている現状である。中華民国総統蔣経国先生が、「分れればともに害をうけ、合すればたがいに利を蒙る」といったゆえんである。過去を顧み、未来を展望するにつけ、中日両民族がこれからさき、朝野の一致した唱導と努力によって、みんなが満足できる新しい境地が作られんことを切に望む。

一、中國的革命和日本

孫文先生は二十歳で（一八八五年）革命に志し、二十九歳（一八九四年、いわゆる日清戦争の年）にしてホノルルに渡り、近代中国最初の革命団体である興中会を組織した。

孫先生の唱導する革命は国民革命といわれ、その目的は中国の自由と平等を求め、アジア民族の福祉増進にある。先生は一八九七年、宮崎滔天に、「支那四億万の蒼生を救ひ、亜東黄種の屈辱を雪ぎ、宇内の人道を恢復し擁護するの道、唯我国の革命を成就するにあり」と言われた。

孫文先生の革命は、はじめから日本と深くかかわりあった。すなわち、先生は一八九五年に始めて日本を訪れ、横浜で興中会支部をつくり、それから欧米に向った。そして一八九七年、再び日本にもどり、ここを革命運動の根拠地に定め、かれこれ六年の長きにわたって滞在し、一九〇〇年には台北に赴き、台湾海峡の対岸地恵州の革命を画策した。

孫文先生の呼びかけと影響のもとに、東京にあった中国留学生は革命に走り、かれらによっていろ〳〵な革命団体がつくられ、革命と救国を呼号する十数種類の雑誌が誕生し、革命は大きなうねりをみせた。一九〇五年、全中国の革命勢力の大同団結を象徴する中国革命同盟会は東京において成立し、孫先生は同盟会の総理におされた。ここで先生は、はじめて民族、民権、民生の三民主義をとなえ、中国革命建国の最高の政治綱領とした。

孫文先生の革命事業は、数多くの国際的友人の同情と援助をうけたが、ことに日本人の数は多く、たとえば教会関係の菅原伝、生物学者の南方熊楠、任俠の士宮崎滔天、政治家犬養毅等の数十人は、孫文先生が知友となせる方々である。また、山田良政は恵州の役でなくなられ、萱野長知は革命軍の「東軍顧問」に補せられた。かれらの事績については、孫文先生自ら書いた革命の経歴に記され、中国々民党々史にも記述されている。

(一) 孫文先生、真先に革命を提唱

孫文先生は、名を文といい、あざなを逸仙と称し、一八六六年十一月十二日、広東省香山県に生まれ、一九二五年三月十二日に病歿した。六十歳。中国の国民に中華民国の国父として敬称される。

孫先生は若くして医学をまなび、清朝の腐敗ぶりと国家のあやふきを目のあたりにしたため、革命によつて国を救う志をたてた。そして一八九四年十一月二十四日、ホノルルにおいて、中国近代の最初の革命団体—興中会を組織した。興中会会員の誓いのことばには、「韃虜を駆逐し、中国を恢復し、合衆政府を創立する」とあるが、これは孫先生の専制帝制をくつがえし、民主的中国を建設するという初期の革命目標を掲げたものであった。

一八九五年二月、先生は香港に赴いて興中会本部を設立し、広州攻略をきめ、陸皓東の手になる青天白日旗を革命軍の軍旗に定めた。十月二十六日（旧暦九月九日重陽節）、先生は陸皓東ら同志とともに、広州にて初の革命行動をおこしたが、失敗した。しかし、先生はひるむことなく、ただちに日本と欧米に亡命し、引続き革命のために奔走した。

(二) 日本は中国革命の初期の基地

一八九五年十月、初の広州の革命が失敗したのち、孫文先生は鄭士良、陳少白とともに日本に渡った。神戸で「支那革命党の孫文日本に来る」という新聞報道を読み、易経の「湯武の革命は天に順じ、人に応じる」という意義にかんがみて、自ら革命党と称するようになった。十一月、横浜に至り、興中会横浜支部を設けた。これは日本における革命党の最初の組織である。

一八九六年一月、先生は日本をあとにして、米国経由で英国に赴いたが、清の駐英公使館に拘禁された。いわゆるロンドンの遭難である。助けだされた先生は、ロンドンにとどまつて研究を続け、ヨーロツパの社会政治事情を考察し、三民主義思想のアウトラインを完成した。一八九七年七月、カナダを経てふたたび日本にむかい、八月十六日横浜に到着した。これ以後、日本を基地として革命運動を画策し、かれこれ日本に六年ぐらい滞在した。この間、日本朝野の賢豪を知り、革命運動の面で多大の助力を得た。

(三) 中国留学生の革命宣伝

中日（日清）戦争以後、中国の識者は、日本の勝因が明治維新以来、全力投球でヨーロッパ文化をとりいれたことにあるとし、よつてそれに見ならおうと企て、留学生を大量に日本に派遣した。これらの留学生は、大部分が「頭脳清新にして、志非凡」であり、革命党の感化を深くうけ、革命に心をひかれ、かつそれを宣伝したため、大きな風潮と化した。北清事変（一九〇〇年）ののち、各省の留学生はほとんど帰省し、きそって団体をつくり、雑誌を発行して民族主義を鼓吹したので、革命のいきおいは一日千里の発展ぶりをみせた。

(四) 中国革命同盟会、東京にて成立

一九〇五年の春、孫文先生はブリュッセル、ベルリン、パリで革命団体を組織したあと、日本にもどった。そして一九〇五年八月二十日、東京市赤坂区霊南坂の坂本金弥宅において中国革命同盟会を創立した。当初の加盟者は三百余名。孫文先生を総理におした。同盟会の誓詞は「韃虜を駆逐し、中華を恢復し、民国をたて、地権を平均する」とうたい、三民主義の思想体系をほぼ確立した。

この年の冬、同盟会は「民報」を発刊、先生自ら創刊のことばを記し、「おもうに欧米の進化は、凡そ三大主義による。曰く民族、曰く民権、曰く民生。……この三大主義はみな民をその本とする」と指摘した。孫文先生がおおやけに、「民族」、「民権」、「民生」の三大主義をその政治主張としてかかげたのはこれが初めてである。

(五) 中国革命を支援した日本の友人たち

中華民国が成立する前、孫文先生はかつて日本を十一回も訪問したことがある。その間、日本朝野の人士とひろく交った。先生は「日本は私の第二の祖国である」とも言われた。

先生が最初に知りあった日本の友人は、ハワイで牧師をしていた菅原伝であり、一八九六年、ロンドンで難にあった後、大英博物館で日本の生物学者南方熊楠にであい、無二の知己となった。一八九七年八月、日本に行った時は、より多くの日本人とつきあい、その状況を「孫文学説」第八章「志あらば必ず成る」において、次のように述べている。

「日本に着いた後、民党の領袖犬養毅は、宮崎寅蔵(滔天)、平山周をして横浜に私をでむかえさせ、ともに東京に会いに行った。当時、日本の民党は始めて政権を握り、大隈(重信)は外相で、犬養は采配をふり、左右することができた。そののち、犬養の紹介で大隈、大石(正巳)、尾崎(行雄)にあった。これは私の日本政界の人々との交際のはじまりである。それから副島種臣や在野の志士頭山(満)、平岡(浩太郎)、秋山(定輔)、中野(徳次郎)、鈴木(久五郎)を知り、また安川(敬一郎)、犬塚(信太郎)、久原(房之助)をも知るようになった。これらの志士は、中国の革命事業に多大な資金の援助をなされたが、ことに久原と犬塚にはより多くを仰いだ。そして革命のために終始奔走され、たゆまらざる努力をされた方には、山田(良政、純三郎)兄弟、宮崎(民蔵、滔天)兄弟、菊池(良一)、萱野(長知)らがあった。なお、副島、寺尾(亨)両博士も革命に尽力された。

二、民國初期的中日關係

孫文先生の指導による革命運動は、前後十七年にわたり、十回の失敗を経て、一九一一年の辛亥革命でついに成功し、それによって君主専制制度の清朝は倒され、民主共和制の中華民国が誕生した。

孫文先生は、中華民国の初代臨時大総統に選ばれ、内外の中国人の熱烈なる支持をうけ、ことに日本の友人たちの喜びようはひとしおでなく、あるいは香港や上海に赴いて孫文先生を出迎え、あるものは中華民国臨時政府の顧問になり、そのあるものは日本の国内で中日親善の民間団体を組織したりしたが、惜しいことに時の西園寺公望内閣は、中華民国政府に有利な支持を与えず、少数の陰謀分子は中国の北部で秘密な破壊活動をさえ行なったのであった。

孫先生は中国南北の分裂を避けるため、自発的に大総統の地位を北方の袁世凱に譲った。しかし、のちの事実は袁が中華民国に不忠であることをうらづけた。孫先生は外交上連日政策を主張し、一九一三年二月日本を訪問して、日本朝野の歓迎をうけた。ところが、宋教仁暗殺事件がおこったため、孫先生は急きよ帰国して、袁世凱討伐の第二次革命を画策せざるを得なかった。しかし不幸にしてこれは失敗に帰し、孫先生およびその同志たちは、再び日本亡命をよぎなくされ、東京で中華革命党をつくり袁世凱討伐を続行した。日本民間の志士頭山滿、萱野長知らは、中華革命党にかなりの援助をあたえたが、大隈重信内閣は一九一五年一月、中国に苛刻きわまりない二十一ケ条をつきつけた。これは孫先生およびその他の愛国者たちをいたく失望させ、不満をつのらせた。

袁世凱の帝制運動は、一九一六年ついにくつがえされ、孫先生はふたたび上海に戻った。だが北京政府は依然として北洋軍閥の手に握られ、法をおかし、紀律は極度に乱れ、人民は塗炭の苦しみにあえいでいたため、孫先生はやむをえず広東に革命政府をうちたて、中華民国擁護の努力を続けた。これが中国近代史上の護法運動である。しかし日本の政府当局は眼光にかけ、第一次大戦参加にかこつけて山東省に出兵し、人民をいたみつけている北洋軍閥に支持をあたえ、孫先生の忠告にはいっさい耳をかさなかったため中国民衆の不満をかい、一九一九年の五四運動以後、青年学生の反日思想は急テンポで増長した。

㈠辛亥革命と民国の誕生

一九一一年十月十日、革命党は武昌において行動を起し、各省が相ついでこれに呼応したため、わずか二か月のあいだに、中国の四千年にわたる君主専制政体をくつがえし、アジア最初の民主共和国をうちたてた。

武昌挙兵の際、孫文先生はちょうど米国各地で革命主義を宣伝し、経費の工面をしていたが、武漢を手に入れたことを知り、ただちにヨーロッパに赴いて、英、仏の支持を得るよう努力した後、シンガポール、香港を経て、十二月二十五日、上海に帰ってきた。二十九日、革命に成功した各省は合同会議を開き、先生を中華民国の初任臨時大総統に選出した。

一九一二年一月一日、孫文先生は南京において宣誓就任し、中華民国政府は正式に発足した。それと同時に宣言書を発表し、新政府の対外政策を次のように規定した。「わが友邦とより一層好誼をあつくし、和平主義をとり、中国をして国際社会に重きをなさせ、世界をして漸次大同に赴かせる。」当時、列強のうちで中国と最も関係の深かったのは日本であったが、日本の中国革命に対する態度は、孫文先生の言ったごとく、「民間の志士は私たちに同情を寄せたばかりでなく、身をすてて革命を助けたものすらあったが、政府の方針は測りがたいものがあった」。従って中国の新政府と日本政府の関係ははなはだ微妙であったが、かつて中国革命に援助を与えた何人かの日本の友人たちは、中華民国政府の顧問に迎えられ、新政府の施政に協力された。

㈡孫文先生、日本を訪問

一九一三年二月、孫文先生は全国鉄道準備全権という肩書で招かれて日本を訪問した。これは孫文先生初めてのまたただ一度の公式訪問で、日本朝野の熱烈なる歓迎をうけた。

孫先生の今度の訪日の主なる目的は、中日両国の経済協力を強化する以外に、日本と盟約を結び、以てロシアの蒙古侵略と、英国のチベット進出を牽制するにあった。それ故、日本における孫先生の四十日間は、日本実業界の指導者澁澤栄一らと、中日合辦で「中国興業公司」を組織し、日本の資金によって中国の資源を開発して、人民の福利をはかる実業計画を達成することを相談し、ならびに軍人政治家桂太郎と前後十五、六時間にわたって密談した。その席上、桂は「中国に孫先生がおれば、今後は憂いなし。私たち二人の相互信頼に基ずいて、英国に統治されているインド問題が解決されることを望む。もしもこの目的が達せられるならば、日本の『移民』と『貿易』の場所の心配はなくなる。その暁には、日本は決して中国を侵略するという拙劣な政策をとることはない。大陸の発展に至っては、中国に委ねるべきである。中日両国の仲さえよければ、東半球の平和は保たれる」と述べた。

㈢袁討伐と中華革命党

袁世凱はもともと、民主政治について正しい認識を持っておらなかったため、中華民国臨時大総統をついでからは、だんだんとその専制的野心をあらわにした。袁は人をつかって宋教仁を暗殺させたばかりでなく（一九一三年三月）、国会の同意を得ることなく、自分勝手に五か国銀行団との間に二千五百万ポンドの借款をとりきめ、もって革命勢力鎮圧の資金とし、同時に国民党員李烈鈞、胡漢民、柏文蔚の三都督の職務を解任した。

宋教仁暗殺事件が発生すると、孫文先生は急きょ日本から帰国し、兵をおこしての袁討伐を主張したが、一部同志の賛成が得られなかったため実現しなかった。ところが三人の都督がやめさせられてからは、李烈鈞は七月十二日、率先して江西省の湖口にて袁討伐の兵をあげ、黄興、陳其美らもそれにつづいた。これを「第二革命」という。ただ挙兵があまりにも遅すぎ、歩調が一致しなかったため、六、七省がたちあがり、兵力が十万以上に達したにもかかわらず失敗し、その軍事力と革命組織はともに瓦解した。

第二革命失敗の後、孫文先生は再び日本に亡命した。過去の失敗にかんがみ、先生は革命陣営のたてなおしを決心し、袁世凱討伐を続行した。そして一九一四年七月八日、東京において中華革命党の成立をみるに至るのである。

中華革命党は、革命方略を制定し、各省の中華革命軍と各地の革命軍にそれぞれ司令長官および司令官を派遣して、国に帰り各地で袁討伐に従事した。

㈣第一次世界大戦と極東

一九一四年七月、第一次世界大戦が勃発した際、大部分のヨーロッパ列強は戦争にまきこまれ、極東のことを顧みる余裕がなく、日本はこの機会に乗じて青島に出兵して、中国にあるドイツの権益を横取りし、袁世凱が皇帝になりたがっている野心を利用して、苛刻極まりない二十一ケ条をつきつけ、中国政府の応諾を迫った。

一九一七年、日本は再び中国政局の混乱にめをつけ、北京政府をそそのかしてドイツと絶交、戦争させ、これによってより多くの利益をかすめとろうとした。中国がこの戦争に参加すべきかいなかについて、孫文先生は「中国の存亡問題」という文章を書き、中国が戦争に参加した場合の利害得失を分析したのち、中国の戦争参加に反対し、文中、中日関係について次のように述べている。

「今日、中国が友邦を求めるとすれば、米国と日本以外に求めてはならない。……日本は同種同文であるがゆえに、我が国の開発により多くの力をかすことができる。必ず両国が調和して、中国ははじめて福祉を蒙り、両国は安定し、世界の文化もこれによって大いに発展する。」

しかし、日本政府は孫文先生のこういった期待をかえりみず、北京政府を支持して、南方の革命勢力にあたらせ、自らは中国侵略の政策を進めたのであった。こうして中国民衆の不満をかい、やがてそれは日本の商品をボイコットする運動に発展して行ったのである。

三、蔣介石先生和日本

孫文先生の忠実な信徒であり、その革命事業の継承者でもある蔣介石先生は、第二次大戦中同盟国の四大領袖の一人でもあった。蔣先生は若くして日本に留学し、軍事科学をまなび、日本の立国精神及び政治文化に対して深い理解を持ち、高田野砲兵連隊での見習士官生活は、蔣先生のからだ、性格および軍事的技能に大きな影響を及ぼした。

一九一一年、辛亥革命勃発の後、蔣先生は上海の革命指導者陳其美の要請をうけて、学友張群とともに帰国し、革命に力を尽した。先生は決死隊を率いて、浙江省の杭州を占領し、その後上海革命軍第二師第五団々長になり、大いにその軍事的才能を発揮した。そして南北の和議あいなり、中国が再統一された時、蔣先生はふたたび東京に赴き、ドイツ語を勉強するかたわら、軍声雑誌を創刊し、もって中国の革命および国際政治問題を論じた。

一九一三年から一九一六年における袁世凱討伐戦では、蔣先生は積極的にして勇敢な革命軍の指揮官であった。先生は一九一四年東京に到着し、東北にも行かれた。一九一五年十月、先生は上海にもどり、肇和艦の反袁活動および江陰要塞の占領等を画策しかつ参加した。一九一六年七月、先生は中華革命軍東北軍の参謀長に任命され、すばらしい業績をのこされた。

一九一七年八月、孫文先生は南下して広東に軍政府をつくり、護法を指導し、蔣先生は孫先生の命令をうけて上海にとゞまり、各方面の連絡責任者となった。一九一八年の夏、蔣先生は命令によつて、汕頭の陳烱明の広東軍にいたことがあり、一九一九年には上海にかえり、十月、孫先生の命令を体して日本を訪問し、頭山満、寺尾亨、萱野長知らと東亜の情勢について意見を交換した。先生はまた、孫文先生を代表して、病床にあつた犬塚信太郎を見舞った。

(一)日本留学時代

蒋介石先生は、六歳のとき塾に入って、中国の古典を学び、十七歳（一九〇四年）のとしに奉化に赴き、鳳麓学堂に入学して、新しい教育をうけた。その翌年、寧波の箭金公学に転入し、顧清廉先生の指導を受け、外国に留学して軍事学をおさめる志をかためた。

一九〇六年四月、先生ははじめて日本に渡り、清華学校に籍をおいた。しかし数か月の後、所用で国に帰り、浙江省の保定通国陸軍速成学堂に送られる学生の試験に合格し入学したが、まもなく陸軍省の日本留学公費生試験に合格したので、一九〇八年の春、再び東京に行き、振武学校に入学した。

先生は振武学校で二年半の預備教育を受けたのち、一九一〇年十二月、張群ら十六人の学友とともに、新潟県高田町の第十三師団野砲兵第十九連隊に士官候補生として入隊したが、一九一一年十月、武昌挙兵の報に接したため、張群らと急きよ帰国し、革命に身を投じたのであった。

先生の日本留学は、前後四年にわたるが、この四年のあいだ、その英敏なる観察力によって、日本から正規の教育以外のことを多く学び、のちの軍政、学術の基礎をきずきあげたのであった。一九六九年三月六日、評論家御手洗辰雄のインタビューに際して、先生は次のように述べられた。「私はいつも日本の尽忠報国の伝統的精神に心をひかれ、また日本の親に孝行をつくし、師を尊び、義侠心に富む民族性を愛する。日本はまさに私の第二故郷である！」

(二)軍声雑誌と東北行き

一九一二年三月、蒋介石先生はふたたび日本に勉学に行った。そして東京で、同志とともに軍事学専門の「軍声雑誌」を創刊した。先生は自ら発刊のことばを執筆し、中国と世界情勢についての論文を多く書き、その年の冬帰国した。翌年、第二革命が発生し、先生は上海にあった袁討伐軍総司令の陳其美をたすけ、部下を率いて上海製造局を攻撃したが、兵力があまりにも開きが大きかったため、不成功に終った。

第二革命失敗ののち、先生は一九一三年十月二十九日、上海において中華革命党に入党し、引続き袁討伐軍を指導した。一九一四年の夏、先生は東京に赴いたが、やがて孫文先生の命をうけ、東北のハルピンなどを視察した。そこで袁世凱討伐は時期尚早であることを知り、日本にもどってその旨孫文先生に報告した。

先生は、この度の東北行きは、日本の軍閥が武力で東北をその植民地にしたいという野心は、たとえ彼らが中国革命を援助しても変らないことをさとらせたとともに、孫文先生の啓示によって、国民革命の最終的目標は、日本人をして「東北と台湾を私たちに返し、朝鮮の独立を保証する」にあることを深く理解させた。

㈢一九一九年の日本訪問

一九一五年十月、蔣介石先生は日本から帰国し、陳其美をたすけて、上海で袁討伐の準備を整え、あいついで肇和艦の挙兵を策動したり、江陰要塞の攻略を行なったりした。一九一六年六月、先生は命により山東省の濰県に赴き、中華革命軍東北軍参謀長に就任したが、ほどなく東北軍が改編されたため、職を辞して帰った。一九一八年三月、孫文先生の電報に接した先生は、上海から広東にとび、広東軍総司令部の作戦課主任になり、十月には、同軍の第二支隊司令に就任した。

一九一九年十月、先生は孫文先生の命をうけて、日本を訪れた。その主なる任務は、孫文先生を代表して、犬塚信太郎、山田純三郎、寺尾亨、頭山滿、秋山定輔、萱野長知の諸友人を訪問することであり、十一月十九日、上海にもどった。

四、北伐的頃

中国の国民革命の目的は、中国の統一にあって、中国を民族が独立し、民権がゆきわたり、民生がすばらしい新国家を建設するにある。孫文先生は一九二四年九月、部隊をしたがえて北伐したが、北方で政変がおこり、北上を要請されたため、十一月、広東を出発、上海、日本を経て天津、北京に向った。

先生は神戸にたちよった時、「大アジア主義」を講演され、日本の不平等条約の撤廃は、アジア民族復興の起点であり、日本は東洋の王道文化を擁護して、西洋の覇道文化に対抗すべきであるが、日本の政策はかえってヨーロッパ列強の後塵をあゆんでいると述べ、よつて日本に対し「はたしてヨーロッパ覇道の手先となるか、あるいはアジア王道の防波堤となるかは、日本国民みずから慎重に選ぶべきである」と忠告した。

孫文先生は北京に到着した後、不幸にして一九二五年三月十二日になくなられた。そこで国民革命の指導は蔣介石先生によって継承され、蔣先生はわずか三年四か月で国民革命軍による北伐と統一の大業を完成した。革命軍が北京に入った後、蔣先生は西山碧雲寺に赴いて、孫文先生の霊前に北伐と統一の成功を報告された。

北伐のあいだ、蔣先生は幾度となく、中共の破壊や日本軍閥の妨害にでくわした。蔣先生は一九二七年九月から、十一月にかけて日本を訪問し、「日本国民に告ぐる書」を発表して、日本の政府が中国の統一と建設をたすけ、それによって両国の親善と協力の基礎を確立するようよびかけた。しかし眼光にかける田中義一首相は、山東省に出兵して北伐の阻止をくわだて、ついに済南事件の悲劇を演じ、中国の国民の心に、日本に抵抗するより深い烙印をおした。

(一) 孫文先生の日本に対する最後の勧告

日本政府は孫文先生の指導する護法政府を支持しなかったばかりでなく、中国の侵略行動をもやめなかったが、孫文先生は同文同種のよしみから、日本の朝野に相変らず期待をかけていた。一九二三年十一月、犬養毅が入閣したことを知った孫文先生は、犬養にすぐ三千字あまりの長い書簡を送り、アジアと世界の情勢について詳しく論じ、日本が中国侵略の政策を放棄し、もってアジアの安寧を護持するよう勧告した。

一九二四年十一月、孫文先生は招かれて北上したが、途中日本に立寄り、二十八日、神戸第一高等女学校において「大アジア主義」を講演し、次のように指摘されに。大アジア主義は、「簡単に言えば、文化の問題であり、東方文化と西方文化の比較と衝突の問題である。東方の文化は王道であって、西方の文化は覇道であり、王道は仁義道徳を主張し、覇道は功利強権を主張する。」

そして孫文先生はおわりに日本人に、「あなた方は……これから先、世界文化の前途について、はたして西方覇道の鷹犬となるか、あるいは東方王道の干城になるかは、あなた方日本国民がじっくり考えて慎重に選ぶべきである」と忠告した。

一九二五年三月十二日、孫文先生は北京で病歿された。犬養毅がその訃報に接したとき、このように言われた。「(孫文) 先生は中国革命のために生まれ、中国革命のために死んだ。先生なくしては、今日の中国はありえない。先生のなされたことは、実に古今東西歴史上の第一人者である。この度の死は、国民党にとって打撃であるばかりでなく、全中国、全世界の民族にとっても打撃である。」

(二) 田中義一の登場

一九二六年七月九日、国民革命軍は北伐を開始した。その進撃ははやく、一九二七年三月二十三日には南京をおとしいれたが、ソ連と中国共産党が事件をおこし、外人を傷つけたため、下関にあった英、米の軍艦は南京を砲撃し、中国軍民数十人が死亡したり怪我をした。いわゆる「南京事件」である。

当時、幣原喜重郎外相は、中国内政不干渉の方針をまもって、列強の提議した「共同出兵」や「アルチメタム」には参加しなかった。しかし、日本の軍閥は幣原の中国政策に大きな不満を持ち、「軟弱外交」ときめつけ、猛烈に攻撃し、遂に田中(義一)内閣の誕生をみたのであった。

田中は政友会総裁で、一九二七年四月、組閣を拝命し、自ら首相と外相をかね、幣原外交と全く正反対のいわゆる対中国積極政策を推進し、国民革命軍の北伐に干渉した。

㈢ 蔣介石先生再び日本を訪問

一九二七年八月、蔣総司令は中国国民党内部の団結を計るため、電を発して下野し、九月二十八日、日本を訪問した。蔣先生のこの度の訪日の主なる目的は、日本の政治経済を視察し、日本の友人たちにあうことで、これは先生の最後の日本訪問でもあった。この時、先生は宋太夫人の同意を得て、宋美齢女史と婚約した。先生は同時に、「日本国民に告ぐる書」を発表して、「日本の七千万の同文同種の民族が、中国の革命運動を徹底的に理解し、それに道徳的、精神的援助を与えるよう」呼びかけ、「中国革命の成功の遅速は、中国の禍福ばかりでなく、日本の安危にも関係があり、たがいに密接かつ彼我を分たない問題であって、私は中日両国の国民が、ともに東洋平和の実現に努力し、一日も早く中国の国民革命が成就されんことを望む」と強調した。

十一月五日、蔣先生は田中首相と会談した。先生はこの会談に大きな期待をよせていたが、結果はかえって彼を失望させた。先生は日記でその感想を次のように述べている。「今日の田中との会談の結果を綜合してみて言えることは、相手に全く誠意がないということである。中日両国には協力の可能性がないばかりか、日本は中国の革命が成功するのを許さない。したがって彼らは必ずわが革命軍の北伐を妨害し、中国の統一を阻止することは目に見えている。」

㈣ 日本、山東に出兵して北伐を妨害

田中内閣の中国侵略の最初の行動は、一九二七年五月、山東にある居留民保護を口実にして、二千名の陸軍を青島に派遣し、北伐を阻止しようとしたことであった。その後、北伐軍が暫く前進を停止したため、日本軍は撤退した。いわゆる第一次山東出兵である。

一九二八年四月、国民革命軍は第二回の北伐の総攻撃を開始し、山東に迫った。田中内閣は再び居留民保護を口実に、第二次山東出兵を行なった。五月一日、北伐軍は済南を陥れたが、三日、日本軍は済南を総攻撃し、中国外交部の交渉員蔡公時および無辜の軍民を殺し、「五三惨案」（済南事件）をかもしだし、革命軍の北伐と中国の統一を阻止しようとこころみた。

(五) 北伐ついになる

「五三惨案」発生後、蔣介石先生は、日本の下心が中国の統一を阻止するにあることを知ったので、涙をのんで各軍に済南退出を命令し、まわり道をして北上した。五月二十八日、蔣先生は北伐軍の全線に総攻撃令を下した。勢は破竹の如く、天津、北京は指呼にあった。北京にいた張作霖は、大勢すでに決すと判断し、六月二日、東北に帰ったが、はからずも六月四日、日本人によって奉天附近の皇姑屯驛で爆殺された。

一九二八年六月六日、国民革命軍は北京を手中におさめ、八日、正式に北京に入城し、北伐の大業はここに終を告げた。七月六日、蔣先生は、中国国民党中央執行、監察委員会および国民政府を代表して、第一、第二、第三、第四集団軍総司令をひきい、北京西山碧雲寺の孫文先生の靈前に赴き、北伐の完成を報告した。十二月二十九日、張学良ら東北の将領は、易幟の通電を発し、かくして中国は統一されたのであった。

五、是敵是友

日本軍国主義の勃興は、日本の政党政治の機能を失なわせ、中華民国に極めて大きな災難をもたらした。一九三一年九月十八日、「満洲事変」の発生は、中国はもとより権利をなくし、国土を失なうという恥辱をこうむったが、日本も幣原喜重郎が指摘しているように、中国の東北を占領したことは、時限爆弾を抱えたことに等しいものであった。

狂妄なる青年士官の軍刀のもとに、犬養首相は命をおとし、軍閥どもはくつわのとれた馬の如く、ひたすら中国侵略の道をばく進した。第一次上海事変、長城の戦役、天羽声明、蔵本失踪事件など相ついで発生し、華北は空前の緊張に直面していた折、蔣介石先生は徐道鄰の名前をかりて、かの有名な「敵か友か」を発表し、中日関係について冷静かつ客観的な検討を行ない、中日双方のあやまちを指摘し、ことに日本の政府当局が「事実を認識し、その過失を改め」、「鈴をとくものは鈴をつけた人にかぎる」という古い教訓にならい、自発的に局面打開の責任を負うよう訴えた。

蔣先生の言葉は全く良心から出たものであり、あまたの日本人を感動せしめ、蔣先生の卓見に深く敬服した。一九三五年十二月、蔣先生はまた、明確に中国が日本の侵略に対する譲歩にも限度があり、和平が絶望に至り、犠牲が最後の瀬戸際に来た場合、中国政府は必ずや奮起して抵抗し、犠牲を惜しまないことを告げた。しかし日本の政府当局は、政策の変更をかえりみなかったため、両国の関係は少しも改善されなかった。

満洲事変の後、中国人の抗日感情は高まった。中共はそれに乗じて煽動し、蔣先生と国民政府は大きな誤会と非難をうけた。蔣先生は辱しめを忍び、重責をおって、「安内攘外」の国策のもとに、国家の統一に努力する一方、苦しいなかにも全力をふるって国家建設を推進した。その結果はすばらしく、世界の人々から「黄金の十年」と称された。一九三六年十二月、「西安事件」が平和的に解決された後、蔣先生はおしもおされぬ中華民国の偉大なる領袖として公認され、石丸藤太をして偉大なる「蔣介石」という著作をものさせた。

(一) 痛ましい「満州事変」

一九二九年六月三日、日本政府は中華民国国民政府を承認し、七月二日、田中内閣はおわりをつげ、代って浜口（雄幸）内閣が誕生し、再び中国に対してかなり認識のある幣原喜重郎を外相に起用した。十月、中国に友好的であった佐分利貞男を駐華公使に任命し、両国の関係は好転するかにみえた。

しかし、幣原の中国に対する態度は、日本軍国主義者の猛烈な攻撃をうけ、「軟弱外交」と糾弾された。彼らは中国に対して積極的な行動をとり、一九三一年五月に発生した万宝山事件と、六月から八月にかけておきた中村（震太郎）事件にかこつけて、日本人の不満をかきたて、南満州に軍隊を増派し、着着と侵略拡大の準備を進めていた。

一九三一年九月十八日午後十時三十分ごろ、関東軍は人を使って、奉天城外柳条溝驛附近の南満州鉄道の線路を破壊させたあと、それを中国軍の罪にきせ、よって北大営の中国軍を攻撃し、翌朝には、東北の政治の中心である瀋陽（奉天）を完全占領し、同時に長春（新京）、営口、鞍山、撫順等十八の都市をも陥れた。人人のいう「満州事変」である。これ以後、日本の軍閥は、幣原が言ったごとく「狂奔」し、一連にわたる中国侵略の行動を展開した。

(二) 蒋介石先生の忠告

一九三四年十二月、蒋介石先生は徐道鄰の名義で、「敵か友か」という文章を発表したが、これはいわば先生の日本に対する最後の忠告であり、先生は日本が中国認識のあやまちを検討し、積極的に中日間の行きづまりを解決するよう要望したが、日本政府当局はこれに耳をかさなかったばかりでなく、かえって軍事面と外交面の双方から一歩進んで中国をいたみつけ、軍事的に華北をおかし、いわゆる「華北自治」を画策し、外交的には国民政府が「広田三原則」を承認することを要求した。

一九三五年十一月十九日、蒋先生は中国国民党第五期全国代表大会の席上、対外政策について講演した際、いわゆる「最後の関頭」にふれ、「和平が完全に絶望的にならない限り、決して和平を放棄せず、犠牲が最後の関頭に至らない限り、絶対に軽軽しく犠牲を口にしない」ことを強調した。

一九三六年七月十三日、蒋先生は国民党五期二中全会において、「最後の関頭」について一歩進んだ解釈を下した。「中央（政府）の外交に対する最低限度（の要求）は、領土主権の完全なる保（護）持であり、いかなる国家がわが領土と主権を侵害するならば、私たちは絶対に寛容し忍耐しない。」

(三)国民政府辱をしのび重責をおう

中国が日本の侵略をうけていたちょうどその時、国内では中共の反乱活動に直面していた。蔣介石先生は、「攘外は必ず安内を先とし、腐を去ってはじめて虫が防げる」という原則に基ずいて、「先に内を安んじて、後に外を攘う」ことを決定し、中共に対して五回の討伐を行ない、遂に敗残共産軍をして延安の方へ遁走させた。

内憂外患が交錯する、極めて厳しい情勢のなかで、国民政府は軍事訓練を強化し、装備を改め、積極的に国家建設を推進し、北伐の完成から抗日戦がはじまる十年の間、中国は政治、経済、社会、文化、教育等の各方面で、著しい進歩をとげた。人人はこれを「黄金の十年」と呼ぶ。

じっさい、国民政府が恥をしのんで重責をおったことは正しかった。国民政府は一九三六年の初頭、日本と「国交調整」の談判にはいったが、日本の中国侵略が日ましにエスカレートしたため、進展はなかったが、これによって国民政府は、一年半の時間をかせぎ、国家の建設と国力の増強に忙しむことができた。

(四) 西安事件と日本

一九三六年十二月十二日、西北剿匪副司令兼代理総司令の張学良と、陝西綏靖主任兼第十七路軍総指揮の楊虎城が、中共の抗日救国をスローガンとする統一戦線政策に煽動され、共謀してクーデターをおこし、西安にあった蔣介石軍事委員会委員長を人質に、政府の改造、中共討伐の停止、抗日戦争の発動を要求した。これを「西安事件」という。

西安事件発生後、全中国の輿論はこぞって張学良と楊虎城をせめたて、中央政府はただちに討伐を決定した。幸いにして張学良はすぐ後悔し、十二月二十五日、自ら蔣先生を南京に送り、処分を申し出た。蔣先生の安全帰京に全国は沸騰し、狂喜した。この半月にわたる全国同胞の熱烈なる反応は、「全世界に中華民族が組織ある民族であり、中華民国は力のある国家であることを認識させた。」

日本の政府当局者は、当然のことながら西安事件のゆくえに大きな関心をよせていたが、それが平和的に解決されると、彼らは国民政府の抗日政策が急速に強化されるものと判断し、よって中国侵略の歩調を早め、機先を制する準備を整い、その七か月後、ついに全面的な中国侵略の戦争が勃発したのであった。

六、八年的戰爭

一九三七年七月七日、盧溝橋事件が発生し、中日両国はそれによって八年にわたる長い戦争に入った。中華民国は自衛のため、反侵略のために戦ったのであり、民主国家の同情と支持を得たのであったが、かなりの期間、敵と味方のあいだにはさまれ、苦闘を余ぎなくされたけれども、一九四一年十二月、太平洋戦争が勃発してのち、蔣先生は連合国によって、中国戦区（ベトナム、泰国および北ビルマを含む）の最高司令官におされ、中国の国際的地位もそれにつれて四大強国の一つとなり、一〇〇年の長きにわたる不平等条約の恥辱も、同時に雪がれた。

一九四三年十一月、蔣先生は国家元首の資格において、ルーズベルト米大統領、およびチャーチル英首相とカイロで会議を開き、かの著名なカイロ宣言を発表し、戦後アジアの平和の基礎を確立した。ことに重要なのは、ルーズベルト大統領が、戦後日本の天皇の処置について意見をただされたとき、蔣先生は、それは日本国民の決定にゆだねるべきであると主張したことである。ルーズベルト大統領はこの意見をとりいれ、こうして戦後日本の天皇の地位は保たれたのであった。

一九四五年八月十四日、日本はポツダム宣言を受諾し、連合国に無条件降服した。その翌日、蔣先生は国民政府主席の資格で重慶において全国の軍民に放送し、日本に対して「旧悪にこだわらず、人に善をなす」政策をとるむね声明し、中国の民衆が日本の軍人およびその居留民に報復を行なわないようよびかけた。そのうえ、中国政府は接収と復員行事が極端に困難な状況において、二〇〇万人以上にものぼる日本軍捕虜と居留民を日本に即刻送還し、ソ連の日本を分割占領する意見に反対をとなえ、日本に対する賠償要求の権利を放棄した。この寛大な政策を、日本人は「怨みに報ゆるに徳をもってする」と呼んでいるが、これは実に忘れることのできない光栄な歴史の一頁であり、世界のいかなる国家、いかなる戦争には前例のないことである。では蔣先生はなぜこのような行動をとられたのだろうか。先生はかって田中角栄に書簡をよせて言われた：「私は日本に関心をもち、人に善をなすこと五十年一日の如くなるは、他でもなく、貴国を弟と思い、両国の共栄を求めようと願っているからである。」

(三) カイロ会談

一九四三年八月一日、林森国民政府主席がなくなられ、九月十三日、中国国民党第五期中央執行委員会第十一回全体会議において、蔣介石先生を国民政府主席兼行政院長に選び、十月十日、蔣先生は宣誓して国民政府主席に就任した。

同年十一月二十二日から二十六日まで、中、米、英三国首脳は、カイロにおいて会談をもった。会談の内容はきわめて広く、およそ政治、経済、軍事の三部類に分けられる。蔣主席は、戦後の日本の天皇制については干渉せず、日本国民の決定に任せる（現状維持の意味）ことを主張した。

十二月三日、三国首脳は宣言を発表して、戦後の韓国の独立、日本がかつて中国からかすめとった領土たとえば東北四省、台湾、澎湖諸島を中華民国に返還することなどを保証した。同宣言は、全文二百五十字しかないが、まさに史学者梁敬錞の言うがごとく、「五十年来の日本における覇局は、これによって一変した。」

(四) 戦後における蔣先生の対日政策

一九四五年八月十五日、日本政府はポツダム宣言を受諾し、連合国に降伏した。かくして、中日両国の盧溝橋事件以来、八年の長きにわたった戦争は、ここに終りをつげたのである。

蔣介石先生は戦争中かつて、「中国の抗戦の目的は、全く民族の生存と国家の独立を保持するにあり、奮闘の目標は、敵の軍隊が必ず我が国土から完全に撤退し、我が領土、主権と行政の完璧を回復するにある。私たちは敵の軍閥を憎む、しかし日本民族に害を及ぼそうとする気持は毛頭ないし、ましてや日本の無辜の民と子子孫孫にわたっての仇を結ぼうとはさらさら思っていない、「中国は日本の軍閥だけを敵とし、日本の国民を敵とはみなさず、私たちは敵軍をせんめつしても、日本の民衆をにくんだことはない」と述べたことがある。

したがって蔣先生は、国家元首の資格において、戦争終結後、ただちに文書を発表して、中国は日本に対して報復手段をとらないことを声明し、人民に日本には「旧悪にこだわらず」、「人に善をなす」ことをよびかけた。

蔣先生の日記抄録

「今日は、第一次広州の挙兵記念日であり、日本が南京で投降式を行なった日でもある。これは中国国民党の五十年来における革命の栄光と勝利の日であるが、東北は相変らずソ連軍の手にあり、新疆の各重要地区もソ連のカイライの反乱によって、ことごとく失ない、そのため迪化は極端な混乱に陥り、朝は夕を保しがたい状態で、その上、外蒙古の問題は未だに解決をみず、国恥は多く、抗日戦以来、局勢がこのように深刻であったことはない。人々は光栄に思っているが、私は憂辱にたえない。抗日戦に勝ったとはいえ、革命はいまだ成功せず、第三インターの政策は不敗で、中共はあいかわらず存在しているため、革命が成功したとは言えない。私は努力しなくてはならぬ。」(九月九日)

七、戰後的中日關係

戦後、日本は中華民国に比べて幸運であった。というのは、日本は短い期間の恥辱と苦痛を経ただけで、すぐ独立を回復し、日進月歩の発展街道を邁進することができた。それにひきかえ、中華民国は戦争中の傷があまりにも深く、また中共の全面的な反乱にあい、国家の再建設をなすすべがなく、それに加えて掃共戦に失敗したため、政府は台湾、澎湖島、金門、馬祖などに移転した。これは日本が中国を侵略してつくりだした悲劇である！

ソ連と中国共産主義の拡張により、姑息的な空気が国際間にあふれ、中華民国はサンフランシスコ平和会議によばれていないのみならず、一九五二年の中日平和条約の締結も決して順調ではなかった。甚だしきに至っては、かつて孫文先生の革命を助けた何人かの日本の友人とその家族まで、中華民国に対する態度を一変してしまったほどである。

しかし幸いにして、識見ある吉田茂、岸信介、佐藤栄作、福田赳夫等首相たちは、道義を重んじ、大所高所から時局をみることができ、それによって中日関係のバランスを、かろうじて三十年近く維持することができた。むろん、この三十年のあいだにも、幾度か逆流はあった。たとえば長崎の中共の「国旗」事件、ビニロン・プラント借款、周鴻慶事件など、ことごとく人々に不愉快な記憶を残したできごとであった。

両国の元老政治家たち―中華民国の張群、何応欽、日本では吉田茂、岸信介の、両国の協力関係につくされた貢献は、人をして粛然とさせるものがある。ことに一九六四年二月、吉田茂はよき時期に中華民国を訪問され、四月の「吉田書簡」は、たしかに両国関係を「危機から安定に向かわせ」、両国の外交関係を八年近くのばした。

一九七一年十月、中華民国は国連を脱退し、再び国際的逆流の衝撃をうけた。そして十一か月の後、すなわち一九七二年九月、新首相田中角栄はさきを争って北京を訪問し、中共といわゆる外交関係を結び、中華民国と断交した。これは世界外交史上、最も不名誉な一幕であった。

(一) 中日平和条約結ばれる

一九五一年九月、サン・フランシスコにおいて、連合国の対日講和会議が開催された。中華民国は日本の主なる交戦国であり、したがって対日講和条約の締結については、とくに尊重されてしかるべきであったが、ソ連と英国の妨害にあい、講和会議には出席することができなかった。これについて蔣介石先生は、中華民国総統の資格において声明を発表し、「対日講和会議に中華民国政府が出席する権利のあることは全く疑問の余地はない。中華民国政府は平等の立場でこの講和会議に参加できるばかりでなく、いかなる差別的講和条件をも中華民国政府は拒絶し、前述の中華民国の厳正なる立場に違反して締結されたいかなる対日講和条約は、法律的および道義的に効力がないばかりでなく、連合国の共同作戦の歴史に永遠に洗いさることのできない過ちを残すであろう」と述べた。

サン・フランシスコ平和条約締結後、中華民国と日本は、米国のとりもちによって、相互平和条約締結の交渉に入った。中華民国の基本的立場は、

①中華民国は必ず、日本と戦争をした各同盟国と平等の地位を占めなければならない。

②中日相互平和条約は、サン・フランシスコ平和条約の内容とほぼ同じでなければならない。

③日本は必ず、中華民国の全中国の領土的主権を認めなければならない。

米国務省はダレス特使を日本及び中華民国に派遣して折衝させ、中日両国の講和会議は遂に一九五二年二月二十日、台北において開催されるに至った。日本側は条約の名称や適用範囲などについて、しばしば異議を申したてたが、いくたの紆余曲折を経て、四月二十八日にはじめて調印され、同年八月五日効力を発した。

(二) 友好協力の二十年

一九五二年、日華平和条約が締結されたことによって、中日両国間の戦争状態は終りをつげ、関係は正常にもどり、この時以来、一九七二年の断交まで、両国は二十年間の外交関係をもった。

日華平和条約が効力を発生した後、蔣先生は毎日新聞社の橘善守編集長を接見したとき、次のように言われた。「将来の中日関係は、互いに誠意をもって協力することを基礎とすべきであり、これは私の一貫しての信念と行為である。」

そして中日両国が維持して来た正常関係の二十年間は、政治、経済、学術、国際事務などの面で、たがいに協力してきたばかりでなく、一歩進んで両国の関係を強化するために、両国の政府首脳は相互に訪問しあい、民間の士は「日華協力委員会」や「中日文化経済協会」などを組織した。

この二十年間、両国はその政治的環境のちがいによって、ある事柄については見解を異にし、そのため両国の関係に悪影響を及ぼした幾つかの事件が発生した。なかでも一九六三年十月の周鴻慶事件は、いちど中日関係を復交以来の最大の危機に直面させたが、蔣先生の了解と、中日両国の先見の明のある政治家たちの斡旋によって、最悪の事態は免れたのであった。

(三) 中日断交と蔣先生の逝去

一九七二年九月二十九日、田中(角栄)内閣は、中共といわゆる外交関係を結んだため、中華民国外交部は同日、日本と断交し、同時に「中華民国は、田中政府のあやまった政策は、日本国民の蔣総統の高恩に対する感謝と思いの念に影響を与えるようなことはなく、わが政府はあらゆる日本の反共の民主人士と引続き友誼を保って行きたい」むねを声明した。

一九七五年四月五日午後十一時、蔣介石先生は心蔵病のため、台北の士林官邸でなくなられた。八十九歳であった。この悲報が伝わるや、世をあげてなげき、日本の朝野も蔣先生の遺徳をしのび、哀惜の念にたえなかった。十六日、蔣先生の葬儀がとり行なわれ、日本の民間から三つの大型弔問団が台北に派遣され、葬儀に加わった。この代表団のなかには、岸信介、佐藤栄作元首相、石井光次郎元衆議院議長の外に、大臣経験者、国会議員、財界、文化界、マスコミ界の指導者が多数含まれていた。東京においては、各界の名士や民衆が二万余人蔣先生の追悼会にかけつけ、船田中前衆議院議長が弔辞を読み、日本国民の蔣先生に対する限りない哀悼の気持をつたえた。

八、合作就會互惠互利

中華民国が国連を脱退した後、国際間には濁流が充満していた。すなわち、国連の議席と大国の支持を失なった中華民国は、長期的にその独立とすぐれた条件を維持できなくなるであろうとみられた。

しかし、この観測は間違っていた。中華民国は厳存し、経済的には驚異的な発展を続け、中華民国と実質的な関係をもつ国は九十以上にものぼり、国際組織と国際社会においては、積極的かつ貢献の大きい存在の一つであつた。このほとんど奇跡に近い現象の出現は、主として蔣経国総統の英知と迫力、与党中国国民党の正しい政策、および全国民の辛苦、勤勉な経営と進取的な創業によってもたらされたものである。

中日関係についていえば、断交十四年来の経験は、人々をして合すればたがいに利益をこうむり、分れればともに害をうけるという真理を体得させた。そして中日航空路線の断絶およびその復活は、その最もいちじるしい例である。貿易の面では、日本はずっと大きな黒字の連続であり、文化的、人的交流の面においては、断交前よりもはるかに伸びている。数多い日本の政治的指導者と民間の人たちは、中華民国政府およびその人民こそ、日本の本当かつ永久の友人であることを悟っている。歴史的には、中華民国政府と人民は、日本に不義理をしたおぼえは全くなく、蔣介石先生はことに日本に多くをあたえた。

ともに進歩し、栄え、ともに世界の平和に貢献することこそ、中日両国人民の共同の願いであり、たがいに信じ、助けあうことこそ、共同の福祉と利益をつくりだす前提条件である。過去をかえりみ、未来を展望するとき、中日両民族の指導者と人民は、歴史上の経験と教訓をふんだんにいかし、より大きい福祉といつそうなごやかな関係を創りだすため、あらゆる困難を排し、いかなる圧力にも屈せず、独立自主の精神でもって、遠大かつ永久的な画策をなすべきである。

(一) 蔣経国先生の奮闘

蔣介石先生がなくなられたとき、日本のマスコミ界は、いっせいにこの悲しいニュースを大大的に報道し、同時に「蔣経国時代来る」という見出しで、中華民国の政局のゆくえを預測した。このように蔣経国先生は、外国人からも中華民国の新指導者として評価され、かれは中華民国政府と人民を指導して、引続き国家建設の大道をあゆみ、中国統一の大業を完うしようとしているのである。

蔣経国先生は、地方の行政官吏からスタートして、努力をつみ重ねた人で、行政方面には四十年の経験があり、政務にはげみ、人民を愛することでひろく知られている。一九七八年、中華民国の総統に選ばれてからは、より一層の知恵と魄力を発揮し、中華民国をして苦しい環境にありながらも、政治、経済、社会、教育、文化の各方面で飛躍的な進歩をとげさせ、開発途上国から開発国家に進ませたのであった。

一九六七年十一月、蔣経国先生が国防部長の時、招かれて日本を訪問し、国家副元首の礼遇をうけた。当時の衆議院議長石井光次郎氏を訪問したさい、蔣先生はとくに次のことを強調された。「極東の平和と安定をはかるには、中日両民族は必ず協力しなければならない。今日の情況のもとにおいては、中日両国が一緒になればたがいに利をこうむり、はなれればともに害をうける。」これは中日両国の心ある人人が、永遠に銘記すべき言葉であると私たちは信じる。

(二) 歴史のかがみ

中日断交の直前、当時行政院長であった蔣経国先生は、その「事情」を説明するため日本から派遣された椎名悦三郎特使に、「日本の政治家はもっと遠くかつ広く事物を見通し、敵と友、利と害をみきわめ、絶対に過去中国侵略戦争を行なった日本軍閥の覆轍を二度と踏んではならないし、ふたたび中国人民を傷つけ、日本民族をもう一つの悲劇にあわせてはいけない」と強調した。

言うまでもなく、中日両国の断交は中日関係史上、まことに不幸なでき事である。たださいわいなことに、両国の有識の士が、蔣経国先生のうえの言葉の意味をよく理解し、両国民間人の支持のもとに、亜東関係協会と財団法人交流協会を相互に組織して、両国の実務関係を推進し、大きな成果をあげて来ている。

断交後の中日関係は、かつて日本政府が、「青天白日旗は国旗ではない」と言ったことにより、航空路線が切れ、関係は悪化し、ともに損害を蒙ったが、一九七五年、日本政府が中華民国に対して比較的合理的な態度をとったため、航空路線は復活し、両国の関係は再び安定的な発展を遂げるようになった。

経済関係を例にとれば、一九七五年以来、毎年中華民国が日本から輸入する商品値の総輸入値にしめる割合は、約三〇パーセントであり、一九八四年は二九・三パーセントであって、日本は中華民国にとって最大商品供給国であった。それと同時に、日本は中華民国商品の主なる輸出国の一つであって、一九八四年の対日輸出は一〇・五パーセント、米国についで二位をしめている。

この外、中華民国が外国観光を開放してからは、日本はずっと私たちの最も重要な観光国の一つであり、毎年日本に観光に行く人数は、外国観光に出かける総人数の最高をしめ、それがまた両国の実質関係の発展に大きく寄与している。中日両国の関係は、人人の「二度と歴史の覆轍を踏んではならない」という認識のもとに、今後ますます順調に発展するものと期待される。

先總統蔣中正先生與現代中日關係

張　羣

壹

今年十月卅一日，為先總統　蔣中正先生百歲誕辰紀念，日本各界人士，為追思　蔣先生在二次大戰結束後實施對日本「不念舊惡」「與人為善」政策的道德勇氣，成立「遺德顯彰會」，提前在九月份展開多項活動，目的在對　蔣先生重申感念之情，藉以提醒日本大衆，尤其是新生代的青年，牢記　蔣先生的寬大決定纔使日本得從廢墟中重建起來的因果關係，以滙成一股支持強化未來中日合作的積極力量。這是具有歷史意義的重大事情，足以令人興奮。日本這些活動的主其事者，都是我多年來熟識的朋友，希望我能够自己來日本躬逢其盛，只是我今年已屆九十八歲高齡，實在憚於遠行，只好以書面來表達我個人的一些心聲。

大家都知道我與　蔣先生認識，是在一九〇八年春天同赴日本留學的途中，由於相談國是，所見略同，　蔣先生遂引我為知己，認為可與共圖大事。自從一九一一年，相偕返國參加革命，自此安危與共，艱苦同經，直至一九七五年　蔣先生逝世，為時亘六十八年之久。　蔣先生一生的事業，在民國十四年以前，是追隨　國父孫中山先生開國、倒袁、護法；　孫先生逝世之後，繼承遺志，領導革命，歷軍政、訓政而憲政，盤根錯節，經過複雜，但可歸納為北伐、抗戰、反共三件大事，在這段漫長的歲月中，我可以說無役不從；就中尤以對日本外交的折衝，自北伐[illegible]

師到抗戰結束、以迄戰後締結合約、甚至日本承認中共偽政權、中日斷交以後，我都躬歷其事或參與分勞。關於這些，在我所寫的「我與日本七十年」一書中有較詳細的記載，此刻願就這一方面略述所感，作為中日兩國同時紀念　蔣先生百年誕辰的獻詞。

貳

中國革命，與日本有深厚淵源，　孫先生從事革命運動，多次旅居日本，洞悉日本歷史及其與亞洲和世局的關係，認識很多日本友人，他們受　孫先生主張的感動因而助我革命的亦復不少。一八九七年　孫先生曾告知日本人士：「中國革命，非僅為中國，亦為亞洲大局」。一九〇五年同盟會在東京創辦民報，　孫先生在創刊號中指出「中日兩國國民之結合」「維持世界眞正和平」為中國主要對外政策。一九一七年，　孫先生著「中國存亡問題」明言：「中國欲求友邦，不可求之於美日以外」。又說：「國際上之眞結合，必在乎共通之利害，中國惟與日本同利同害」「無日本卽無中國，無中國卽無日本。」一九二四年冬赴北平之前，特別取道日本，經過神户，有一篇重要的演講，講題為「大亞洲主義」，主旨在闡明中日兩國，要「以東方固有文化」做基礎，「講王道」「主張仁義道德」，聯合起來，「為被壓迫的民族來打不平」。由這些言論可以看出，　孫先生終其一生，是主張中日親善合作的。我與　蔣先生在日本留學期間一同加入同盟會以後，始終服膺　孫先生的主義及其對日外交主張，確認兩國之間，和則互蒙其利，戰則兩敗俱傷，因此　蔣先生主政以後，我們一直貫徹　孫先生與日本結為「友邦」保持「親善」的基本政策。無如日本軍人，自豐臣秀吉、山縣有朋、田中義一以下，一本軍國擴張主義，始終抱持侵華的構想，牢不可破。終於闖下「九一八」事件的大禍，誠如幣原所言，吞下了一顆定時炸彈，十四年之後，宣佈無條件投降，遭受無比的慘痛。蔣先生不念舊惡，以德報怨，拒絕佔領，放棄索賠，歸還戰俘，保存了日本的天皇制度，使其政治體制免於崩潰，國土未被瓜分。所以日本在戰後的那幾年之內，朝野上下，眞正體認了中華民族的寬厚精神和蔣先生愛鄰如己的眞誠德意。詎料我國經過八年的戰爭，民力凋敝，中共在蘇俄卵翼之下，乘機顛覆，我政府播遷來臺；日本因得盟國扶助，經濟由復甦而繁榮，惜為「金權政治」所籠罩，政客受財閥的牽引，承認中共偽政權，與我斷交，在人類歷史中再度鑄成大錯。雖然尚有許多有識之士，與我有親善的往還，保持兩國的實質關係，但以我個人多年來與日本辦過交涉，目擊這些變幻，自不免中心棖觸，難已於言。本文以篇幅有限，只能就身經事實，略述數端，以見蔣先生苦心孤詣，對中日國交之委曲求全；亦望日本當政諸賢，改弦更張，遠小人、親君子，不再受那些貪功殉財、因小失大的人的牽制，而與我中華民國重建邦交，恢復兩國的正常關係：

——一九二八年，蔣先生領導國民革命軍繼續北伐進展順利之際，日本軍閥以護僑為名，悍然出兵濟南，橫加阻撓，殺害我軍民人數達三千二百五十四人，包括外交特派員蔡公時在內，還有受傷者一千四百五十人，我外交部長黃郛奉派前往交涉，遭日軍軟禁達十八小時之久。蔣先生痛憤至極，在當年五月九日的日記中稱：「如有一毫人心，其能忘此恥辱乎！……介自定日課——以後每日六時起床，以作國恥紀念一次，勿間斷，以至國恥洗雪淨後為止。」 蔣先生當時鑒於北伐的主要目標在謀求中國之統一，乃是我國民革命歷程的大事，不能中了日本軍閥的奸計，而中途遭受挫折；另一方面日本主政人物中總會有明悉事勢之人，於是在適度抵抗後，一面派我赴日本與田中內閣直接交涉，並請國民政府致電國際聯盟要求調查事件眞象，以引起國際注意；一面將大軍越過濟南進攻平津，造成勝利在望的形勢。至此，日本政府纔開始軟化，不再擴大戰事，並循外交途徑收拾事態，經過多次的談判，翌年三月始由雙方外交人員簽訂協定，但並沒有追究日方的軍事責任及殺害蔡公時等的殘暴行為，這是 蔣先生對日本寬大政策第一次重大事件。

——但是這種寬大，並未能感動日本軍部自行制止侵呑中國的野心，仍然早夜圖謀，以滿蒙為其首要的侵略目標，竟於一九三一年九月十八日晚間，發動瀋陽事變，次年一月又在上海進攻，造成「一二八事變」，從此日本併呑中國之陰謀，昭然若揭，舉世震驚。蔣先生秉承 孫先生「輔車相依」（孫先生書贈日人山田字幅）的遺教，千方百計，希望日本能臨崖勒馬。一九三四年秋，中日局勢更趨危急， 蔣先生亟思打開僵局，在病榻上口述「敵乎？友乎？」一文，由陳布雷同志筆錄，以「徐道鄰」名義發表，其中警語：「須知日本戰勝固非中國之福；日本戰敗以至滅亡，亦非中國及東亞之福。」「日本終究不能作我們的敵人，我們中國亦究竟須有與日本攜手之必要，這是就世界大勢和中日兩國的過去、現在與將來徹底打算的結論」「總而言之，中日兩國在歷史上、地理上、民族關係上，無論那一方面說起來，其關係應在唇齒輔車以上，實在是生則俱生、死則同死，共存共亡的民族。究竟是相互為敵以同歸於滅絕呢？還是恢復友好，以共負時代的使命呢？這就要看兩國——尤其日本國民當局有沒有直認事實、懸崖勒馬的勇氣，與廓清障蔽、謀及久遠的和平」。這一篇剴切的忠告，圖免日本於浩刼的苦心，至今讀之，猶令人感慨不已。

——一九三五年冬， 蔣先生兼任行政院長，任命我作外交部長，我就職後，本著 蔣先生在中央「對外關係報告」的原則發表談話：「中國決以不侵犯主權為限度、謀友邦之政治協調；以互惠平等為原則、謀友邦之經濟合作。抱定最後犧牲之決心、而為和平最大之努力。」在一年又兩個半月的外交部長任內，先後與三個日本駐華大使辦理交涉，第一個是有吉明，他在任內只與我會談一次，接他任的是有田，他在華任期總計不足一個月，就與我會談四次，後來他回國就任外相，由川越茂來接替，半年之間，我與川越會談八次。會談內容，錯綜複雜，曲折艱辛，日方提出種種無理的要求，令人難以忍受。舉行第三次會談時， 蔣先生適在廣州，我以書面報告會談的經過，旋得 蔣先生來電，要我讀子產傳，我知道 蔣先生的心意，希望我憑子產般的耐心與辭令，「以理折服強鄰」，貫徹他在三中全會的報告：「和平未到絕望時期決不放棄和平；犧牲未到最後關頭決不輕言犧牲」的主張。我繼續與川越談判達八次之多，發揮了「最大之忍耐」。但是我方寬大，終未能感悟日本侵略成性的軍閥，我於一九三七年三月辭職，四個月後而盧國古語所說的「仁者之言，其言藹如」了。

——當和約簽訂之後，日本吉田内閣為策進兩國關係並互派大使，特派緒方竹虎先生前來我國訪問，表達吉田總理希望我能出任復交後首任駐日大使之意向，但 蔣先生當時已另有安排，未便接受，為免過拂其意，特派我以特使名義，赴日報聘。到達日本後，天皇裕仁約我會面，首先對兩國曾以兵戎相見，表示無限歉憾之意。接著就說：「蔣總統在終戰時聲明以德報怨，此種寬大精神至今令人感激，由於蔣總統的這種精神，本次和平條約才賴以完成。」談到 蔣先生在開羅會議中，保留了天皇制度，表示「對於蔣總統的盛意，眞不勝感謝」，日皇的話，道出了他自己和日本國民的心聲。

叁

時移勢異，日本在戰後因工商業迅速發展，整個社會結構變更，軍人沒落。財閥代之而起，控制議員選擧，掌握幕後監督政府的實權，由於這種金權政治關係，在和約簽訂之後的二十年間，日本政府又對我做出多件不愉快的事情，而最後在田中角榮當政的時候，竟背離我政府而承認大陸匪僞政權。雖然日本以工商立國，生產貨品必須急於求售，其資本家總以我大陸有他潛在的廣大市場，乃不惜慫恿其政府做出悖德害理的勾當，其處境與動機未嘗不可以寬恕之心寄以同情與原諒；但兩國有識之士，終以那些貪利忘義、短視淺見之輩，捨正路而不由，以致走上歧途、陷入困境而不自知為可悲。十幾年來，雖正式外交已斷，仍不惜苦口婆心，組織研究學會，發行各種書刊，圖籍文化的交流，促其良心之覺悟，因此至今日本正派的政經文教人士前來訪問，仍絡繹於途，民間親善團體及友我議員，亦與我保持密切的聯繫，貿易數額，也正在逐年增加。正如我外交部在中日斷交時的聲明中所說：「田中政府的錯誤政策，並不影響日本國民對 蔣總統深厚德意的感謝與懷念，我政府對所有日本反共民主人士仍將繼續保持友誼」。這次在日本舉行蔣先生百歲誕辰紀念的「遺德彰顯會」，便是事實上的確證。我曾說：「未來世界情勢的轉移，將證明日本現在所採取的對華政策是一條歧途，客觀情勢將促使日本民族的覺醒，因而翻然改轍，終於走上中日合作的正路。」以我與日本迄今已有七十餘年交往的經驗，深知兩國有識之士必對我這一看法具有同樣的信心。亦惟有如此，纔能維持亞洲的安定進而促進世界的和平。

先總統蔣中正先生與現代中日關係

陳鵬仁 譯

一

今年の十月三十一日は、蔣介石先生の生誕百年記念日にあたります。日本各界の人士は、蔣先生が第二次世界大戦後、日本に対して「旧悪にこだわらず」、「人に善を為す」という政策をとられた道徳的勇気をしのぶため、「蔣介石先生の遺徳を顕彰する会」を組織し、九月から十月にかけて、いろいろな活動を行なおうとしておりますが、これは蔣先生に対してあらためて感謝の意をあらわし、もって日本の一般大衆、ことに若い世代が、蔣先生のとられた寛大な決定が日本をして、廃墟からたちなおさせた因果関係を知ってもらうためであり、ひいてはそれが将来の中日協力の大きないしづえにならんことを願うからでありましょう。これはまことに意義深いことであり、喜ばしいことです。日本におけるこれらの活動の主催者は、みな私の多年にわたる友人で、私が日本に来られるよう希望していますが、私はもう九十八の高齢ですし、遠くへ出かけるのもおっくうですので、書面で私のいささかの気持をあらわさせていただきたいと思います。

ご承知の方もおられるかと存じますが、私がはじめて蔣先生にお目にかかったのは、一九〇八年の春、一緒に日本に留学に行く途中のことで、私たちは天下国家を論じ、見解が大同小異だったため、蔣先生は私を知己の友としてあつかい、ともに大事をなすことができるものと信じたのでした。

一九一一年、私たちはあいたずさえ帰国して革命に参加しました。それ以来、私たちは安危や苦楽をともにし、一九七五年先生がなくなるまで、実に六十八年の長きにわたりました。

蔣先生の一生の事業は、一九二五年以前は、中華民国の父であられる孫文先生に従い、開国、袁世凱討伐、法の護持などに従事し、孫先生がなくなられてからは、その遺志をつぎ、革命を指導し、軍政、訓政を経て今日の憲政に至っておりますが、その経過は多岐にわたり、複雑そのものですが、大体北伐、抗日戦、反共の三つにしぼることができます。この長い歳月のなかで、私はほとんどのことにタッチして来ており、なかんずく日本との外交折衝においては、北伐から抗日戦が終りをつげ、戦後の講和条約、日本が中共を承認し、中日両国が断交したあとも、私はことごとく関係して来ています。これらのことについては、私は「日華・風雲の七十年」という書物で比較的詳しくかいておりますので、ここではわずかに若干の所感を述べ、中日両国が同時に蔣先生生誕百年をいわう祝福の言葉と致します。

二

中国革命は日本と非常に関係が深く、孫先生は革命に従事していたあいだ、再三にわたって日本に住居をさだめ、日本の歴史やそれとアジアないし世界情勢との関係をよく理解し、たくさんの日本の友人をもち、かれらの少なからぬものは、孫先生の主張に感動し、中国革命に身命を捧げたのでした。

一八九八年、孫先生はかつて日本人に、「中国の革命は、中国のためばかりでなく、アジアの大局のためでもある」といい、一九〇五年、中国革命同盟会が東京で「民報」を創刊したとき、孫先生はその創刊号で、「中日両国民の結びつき」、および「世界の本当の平和を維持する」ことを中国の主なる対外政策にしました。

一九一七年、孫先生はその著書「中国の存亡問題」で、「中国が友邦を求めるならば、米国および日本以外の国に求めてはならない」と述べ、「国際間の真の結合は、必ず共通の利害にあり、中国はまさしく日本と同利同害である」、「日本がなければ中国はなく、中国がなければ日本はない」とも言われました。

一九二四年の冬、北京に行く途中、とくに日本に立ち寄り、神戸で「大アジア主義」という大切な演説をなされ、中日両国が「東方の固有文化」を基礎とし、「王道をとなえ」、「仁義道徳を主張し」、ともに手をたずさえて、「被圧迫民族の不平等を打破すべき」であると強調されました。

以上述べたこれらの言葉から、私たちは、孫先生の一生は、中日両国の親善と協力を主張されたことが分ります。私と蔣先生は日本留学中、ともに同盟会に加盟したのち、つねに孫先生の主義とその対日外交の主張に服膺し、両国の間は、合すればたがいに利を受け、戦えばともに倒れることを確認してきました。それゆえ、蔣先生が政権を担当するようになってからは、私たちは、孫先生が日本と「友邦」になり、「親善」を保持する基本的政策を貫いて来ました。

しかし日本の軍人は、豊臣秀吉から、山県有朋、田中義一にいたるまで軍国的拡張主義にしたがい、絶えず中国侵略の構想をもち、終始変ることはなく、ついに「九一八」事件（いわゆる満洲事変）の大きな禍をひきおこし、いみじくも幣原が言ったように、時限爆弾をのみこみ、十四年後になって、無条件降伏し、この上ない惨めな境遇に見舞われたのでした。

蔣先生は、旧悪にこだわらず、怨みに報ゆるに徳を以てし、占領を拒み、賠償要求を放棄し、捕虜および居留民を急いで帰国させ、天皇制度を保持したことにより、日本の政治体制は崩かいと、国土の分割をまぬかれました。従って、日本は、戦後の数年間、朝野をとわず、中華民族の寛大な精神と、蔣先生の隣人を自分のように愛する本当の気持を体得しえたのです。しかし、中国は八年の戦争のために、国民が疲へいしきっているところへ、中共はソ連の援助をえて、機会に乗じて顚覆をはかり、中華民国政府はやむなく台湾に移りました。それにひきかえ、日本は連合国（主に米国）の扶助をうけ、経済は復興と繁栄の一途をたどりましたが、残念なことに、「金権政治」の支配するところとなり、政客や財閥のいとひきによって、遂に中共を承認し、中華民国とあえて外交関係をたち、人類の歴史上において、再び大きな間違いをおこしました。もちろん今でも、たくさんの有識者が我が国とよくつきあい、両国の実質的な関係を維持していますが、私個人の多年にわたる日本との交渉の経験から、この変化を目のあたりにするにつけ、まことに感慨深いものがあります。ここでは、紙幅の関係上、私が自ら体験したいくつかの事実を略述し、もって蔣先生がいかに心を砕いて、中日国交のために我慢したかを説明し、日本の政権担当者諸賢が、政策をあらため、小人から遠ざかり、君子と親しくし、ふたたび目先だけの利益をおう連中にけんせいされることなく、中華民国とあらたに国交を結び、両国の正常な関係をとりもどすよう望みます。

一九二八年、先生が国民革命軍をひきいて、北伐を継続し、それが順調に進展していた際、日本軍閥は居留民保護を口実に、理不尽にも済南に出兵して阻止し、中国の軍民を三千二百五十四人も殺害しました。その中には外交部特派員の蔡公時が含まれており、その外に千四百五十人が負傷し、黄郛外交部長は命により交渉に赴いたのですが、日本軍に十八時間も軟禁されました。先生は非常に憤り、五月九日の日記に、「少しでも心のあるものは、この恥辱を忘れることはできないでしょう！私は日課を定めました。これ以後毎朝六時におき、必ず国辱記念を一度行ない、間断することなく、国辱がきれいにそそがれる日まで続けます」としるしました。当時先生は、北伐の主なる目標は中国の統一を求めるにあり、これは国民革命の過程における一大事なので、日本軍閥のからくりにはまり、中途で挫折してはいけない、他方、日本当局者のあいだにも時勢を見抜くものがいると考え、適度の抵抗を試みたのち、私を日本に派遣して田中内閣と直接交渉させ、同時に国民政府に依頼して国際連盟に事件の真相を調査するよう要請し、もって国際間の注意を促し、大軍をして済南を越えて北京、天津を攻撃させ、勝利は目の前にあるという形勢を作りだしました。ここに至って、日本政府は始めて軟化し、戦争の拡大をやめ、外交的手段にいで、いくたの談判を経て、翌年の三月、両国の外交官によって協定が結ばれましたが、日本軍の軍事的責任および蔡公時らを残殺した暴虐行為は追及しませんでした。これは先生が日本に対してとった最初の寛大政策でした。

しかし、このような寛大な態度は、日本軍部を感動して自ら中国侵略の野心を制止させることができず、彼らは依然として日に夜をついではかりごとをめぐらし、満蒙をその主なる侵略の目標に定め、一九三一年九月十八日の夜、ついに「満州事変」をおこし、翌年一月にはまた上海で、「第一次上海事変」を勃発させ、日本の中国侵略の陰謀は覆うべくもなく、世界をあっけにとらせました。蔣先生は、孫先生の「輔車相依」(孫先生が山田純三郎に与えた書)というおしえを守り、あらゆる手をつくして、日本が非を悟ることを望みました。一九三四年の秋、中日の局勢はますます悪化しましたが、局面打開を願い、蔣先生は病床にあって「敵か友か」を口述し、陳布雷が筆記して、「徐道鄰」の名義で発表しました。それに曰く:「私たちは、日本が戦いに勝つことはもとより中国の福ではないが、日本が負けて亡びることは、中国およびアジアの福でもない事実を知るべきであり」、「日本は中国の敵でありうるはずはなく、中国はひつきよう日本と手を結ぶ必要があり、これは世界の大勢および中日両国の過去、現在、未来にわたって徹底的に検討された結論であり」、「要するに、中日両国は、歴史的、地理的、民族的にみて、『唇滅びて歯寒し』以上の関係にあるのであって、実に生死をともにする、共存共亡の民族であります。そこで、はたしてたがいに敵視し、ともに亡びるか、あるいは友好をとりもどし、ともに時代の使命を負うべきかは、両国の、ことに日本国民及び政府当局者に事実を直視し、崖に臨んで馬をとめる勇気があるか否か、またあらゆる障害をのりこえて、永久の平和をはかる決意があるかどうかにかかっています。」まことに、日本を災難から免れさせようという苦心に満ちみちたこの忠告は、現在読んでも、人を感無量にさせます。

一九三五年の冬、行政院長をかねていた蔣先生は、私を外交部長に任命し、私は、就任後、蔣先生の中央における「対外関係報告」の原則に従って談話を発表しました。「中国は主権を侵害しないことをその限度として、友邦との政治協調をはかり、平等互恵を原則として、友邦との経済協力をすすめ、最後は犠牲するという決意で、平和のために最大の努力をします。」私は一年二か月の外交部長任期中、三人の日本駐華大使と交渉しました。最初は有吉明で、有吉は私と一度だけ会談し、有吉の後任者有田八郎は、一か月たらずの在任でしたが、私とは四回会談しており、有田が帰国して外相になった後、川越茂が新任され、半年の間に私と八回も会談しました。会談の内容は錯綜し、複雑にして曲折をきわめ、日本側は色々の無理な要求を出し、実に忍び難いものばかりでした。第三回目の会談の時、蔣先生はちょうど広州におられて、私は書面で会談の経過を報告したところ、先生は電報をよこし、子産伝を読むことをすすめられ、私は先生が私に子産のような忍耐力と辞令で、「理をもって強隣を折服し」、先生が三中全会で行なった報告：「和平が完全に絶望的にならない限り、決して和平を放棄せず、犠牲が最後の関頭に至らない限り、絶対に軽々しく犠牲を口にしない」という主張を貫いてもらいたいことをさとりました。私が川越と八度も談判できたのは、この「最大の忍耐力」を発揮したからです。しかし、私たちの寛大さは、遂に侵略をこととする日本軍閥の心を動かすことができず、一九三七年三月私は辞職し、その四か月後に盧溝橋事件が発生しました。

八年の抗日戦は艱苦をきわめましたが、一九四三年の末、日本の敗色がようやく濃くなり、わが国には勝利の光がさしこみ、中、英、米三か国の領袖はカイロで会談し、いかにして戦後日本の問題を処理するかについて討議したとき、蔣先生は決然として戦後の日本の政府体制は、その国民の自由意志によって決定されるべきであると主張されました。それにより、戦後の日本は、引きつづき天皇制度を維持することができ、その政治的伝統の護持によって、社会体制がくずれずにすんだのです。戦後の占領政策において、蔣先生は、ソ連の中、米、ソ三か国による日本占領に極力反対したため、日本の領土は、朝鮮やドイツのように、南北あるいは東西に分割される悲劇を免れたのでした。

一九四五年八月十五日、すなわち日本が正式に連合国に降伏したその翌日、蔣先生は全世界に向って次のように放送されました。「旧悪にこだわらず、人に善を為すは、わが民族の至って高貴な徳性にして、私たちは一貫して日本の好戦的な軍閥だけが敵であり、日本の人民を敵としない、と声明して来ました。………私たちは敵国の罪のない人民に汚辱を加えてはならず、ただただ彼らがるようにすべきです。」そればかりでなく、中国にあった百二十万の日本軍人と九十万の居留民を、戦後の混乱かつ緊急な情況下において、軍用列車を動員し、食糧を運ぶ船をさいて迄、その上持てるだけの物を持たせて、帰国させたのでした。

一九五二年四月、日本は代表を台北に派遣して、わが国と講和条約を結びました。この条約は事前にサンフランシスコ平和条約をもとにし、「連合国と同等の待遇」を受けることに話がまとまっていましたが、その後賠償問題について、わが国は自発的に、サンフランシスコ平和条約才十四条の規定する「労務補償」を放棄しました。条約締結後、河田烈日本側代表は、蔣先生に謁見して表敬し、対日講和条約の条項の寛大さに謝意を表したところ、蔣先生は、「それは当然です。中日両国の関係は、その他の国家間と違い、中国はきびしい条約を日本につきつけるわけにはまいりません」と言われました。これこそ中国の古語にいわれている「仁者の言葉であり、その言葉はおだやか」そのものです。

日華平和条約が締結されたのち、吉田内閣は両国の関係を促進し、大使を交換するため、緒方竹虎氏を我が国に特派して、私に復交後の初任駐日大使になってもらいたいという吉田首相の意向を伝えられたが、当時蔣先生はすでに人選ずみであり、承知しがたく、許しを願うかたちで、とくに私を特使として日本を訪問させました。日本に赴いた後、裕仁天皇は私を接見され、まず両国が相戦ったことに無限の遺憾の意をあらわし、「蔣総統が終戦の時、怨みに報ゆるに徳をもってすることを声明されましたが、この寛大な精神はいまでも人の感激するところであり、蔣総統のこうした精神が、こんどの平和条約締結を可能ならしめたのです」と続いて語られました。そして、蔣先生がカイロ会談中、天皇制度を保持されたことについて、「蔣総統の盛意には、感謝にたえません」と話されました。天皇の言葉は、まったく天皇および日本国民の本当の気持を語ったものと言えましよう。

三

時勢は移りかわり、日本は戦後、商工業が迅速に発展し、社会構造は変り、軍人は没落し、財閥は頭を抬げ、議員の選挙を牛耳り、政府の黒幕として君臨し、その上、こういった金権政治により、平和条約締結後の二十年間、日本政府はわが国に対していくたの不愉快なことをしてきましたが、田中角栄が政権を担当していたとき、ついに中華民国政府に背をむけ、中共政権と手を結びました。日本は商工業で国を立てていますが、その生産物は急いで売らなければならず、資本家は中国大陸が潜在的な大市場であると思いこみ、日本政府をして徳にそむき、理を害することをさせ、その境遇と動機は、全く同情に値いしないわけでもありませんが、しかし両国の有識者は、これらの利をむさぼり、義を忘れ、目先の利益しか見えないやからが、正しい道を歩まず、あやまった道に入り、抜き差しならない状況に陥っていることに気づいていないのを悲しむばかりであります。

十数年来、両国の外交関係はなくなりましたが、骨身を惜しまず、研究学会を組織して、いろいろな刊行物を発行し、文化交流につとめ、その良心の喚起に努力する人の数は多く、従って今日、日本のまともな各界の人士はつねにわが国を訪れ、民間の親善団体や議員も、わが国と密接な関係を保ち、貿易も年とともに増加し、まさに断交当時、外交部が声明したように、「田中政府のあやまった政策は、日本国民の蔣総統に対する深い徳意への感謝と思いに影響を与えるものではなく、わが政府は、日本のあらゆる反共的民主人士とひきつづき友誼を維持して行」ったのでした。そしてこのたびの「蔣介石先生の遺徳を顕彰する会」の諸活動は、まぎれもなくその事実の証明であります。私はかつてこう言いました：「未来の世界情勢の移り変りは、やがて日本の現在とっている中国政策が間違っていることを証明し、客観的情勢は、まもなく日本民族の覚醒を促し、われにかえって、究極的には中日協力の正しい道に戻るでしょう。」私と日本の七十余年にわたるつきあいの経験から、私は両国の有識者が、必ずや私のこの見方に賛意を表されるものと確信致します。また、こうあってこそ、アジアの安定と世界の平和が保たれるのです。

蔣介石先生與東方文化

——民國七十五年九月四日在東京　蔣介石先生百年誕辰紀念會講

孔德成

主席，各位貴賓，各位女士、先生：

今天，德成和中華民國各界代表，一起前來參加日本各界朋友們為紀念　蔣介石先生而舉辦的盛會，內心充滿了無限的欽佩和感動。謹先向岸信介先生、灘尾弘吉先生以及遺德顯彰會的各位女士、先生們，以最大的道德勇氣，表現出最珍貴的民族友誼和人性光輝，致崇高的敬意。

蔣介石先生在中國人的心目中，是一位民族救星，國家的最高領袖，他繼承了　孫中山先生救國救民的革命志業，為中華民國的獨立、統一與富強，艱苦奮鬥達半個世紀之久。因此外國朋友們常常說：「蔣介石」這一響亮的名字，就是中華民國的代名詞。　蔣介石先生的人格、思想和勳業的影響力，尤可謂無遠弗屆，其間與貴國日本朝野的關係，最為密切深遠，因此貴國朋友們也常常說：日本和中華民國的關係，可以說是日本與　蔣介石先生的關係。基於這些事實；德成認為日本朋友們這次發起幾近全國性的活動以追懷　蔣先生的遺德，其意義是非比尋常的重大，其影響也必是非比尋常的深遠。

從前面灘尾先生、鹿內先生的演講之中，獲知讓貴國人士永銘不忘者，為　蔣介石先生在戰時及戰後對貴國的四大決定：那就是維護了日本的皇室制度，阻止了蘇聯分割占領的企圖，迅速而安全的遣返二百二十萬日本軍人和僑民、放棄了天文數字的戰爭賠償。這些事實的眞正價值，也可以再讓我們深入一些去體察，比如： 蔣介石先生一九四五年八月十五日勝利廣播詞中所提示的，顯示出了中國歷史上「與人為善」的傳統美德，這和當時與日本作戰的同盟國領袖之間的反應，有些什麼不同？又比如： 蔣介石先生前面那些政策決定，對日本戰後復興有怎樣正面的影響？對中國戰後情勢的逆轉又有怎樣負面的作用？大家最好再從這些方面去進一步認眞辨別。

諸位女士、先生，是什麼力量，促使 蔣介石先生採取如此的對日政策？因素當然不是單純一方面的，但據德成多年的深思和體察，認為最基本的因素，還是在於以儒家思想為中心的東方文化，亦即 孫中山先生所說的王道文化。東方文化的本質，一為仁愛，一為忠恕，個人認為蔣介石先生無論在人格修養、革命情操，以及盛德大業那一方面，都是東方文化與傳統道德的終生服膺者與切實踐履者， 蔣先生基於他仁愛和忠恕的立場，不論是在戰後，即使是在戰時，他都絕對不希望中日兩國國民世世為敵，而且殷切期望兩大民族於慘痛的歷史教訓中澈底反省，共同發揚東方文化的博大精神，為維護國際和平正義及成造人類共同福祉而攜手併進。

大家今天紀念 蔣介石先生的百年誕辰，追懷 蔣先生的遺德泛愛，我以為最重要的是決心實現 蔣先生的遺志和期望，由兩國有識之士共同來倡導東方文化的發揚和實踐。當然，當前的現實環境，確實增加了我們的一些困難；但也同時加重了我們的責任，激勵了我們拯溺救焚、舍我其誰的道德勇氣。各位女士先生們，德成以貴我兩大民族在歷史上同具東方文化的淵源為榮，今後更願以共同致力於東方文化的發揚以造福人類互相期許。讓我們永懷　蔣介石先生的苦心與遠見，共同為實現　蔣先生的理想與期望而奮鬥。

謝謝各位。祝福

各位身心康寧，事業成功。

蔣介石先生和東方文化

——一九八六年九月四日、蔣介石先生生誕百年記念、東京プリンス・ホテルにて

陳鵬仁　譯

岸先生、灘尾先生、ならびに貴賓のみなさま方：

本日私は、中華民国各界の代表とともに、日本各界の友人たちの主催する、蔣介石先生の遺徳をしのぶこの盛会に参加できましたことに、限りない尊敬の念と感動で胸がいっぱいでございます。謹んで岸先生、灘尾先生および遺徳顕彰会の方方が、最大の道徳的勇気によって、最も貴い民族的友情と人間性の輝きを発揮されましたことに対し、衷心より崇高なる敬意を表します。

中国人にとりまして、蔣介石先生は、民族の救いの星であり、国家の最高指導者です。蔣先生は孫文先生の救国救民の革命事業を継承され、中華民国の独立と統一及び富強のために、半世紀の長きにわたって悪戦苦闘されました。それ故、外国の友人たちはいつも、「蔣介石」という名前は、中華民国の代名詞であると言われます。蔣介石先生の人格、思想および偉業の影響力は、まことに限りがなく、ことに貴国との関係は、最も密接かつ深遠なるものがあります。日本の友人たちが、日本と中華民国との関係は、まさに日本と蔣介石先生との関係であると言われるゆえんです。これらの事実によって私は、日本の友人たちが、ほとんど全国的に近い活動で蔣先生の遺徳をしのぶということは、非常に意義深く、その影響も格別大なるものがあると存じます。

先ほどの灘尾先生、鹿内先生のお話の中で、貴国の国民が永遠に忘れられないのは、蔣介石先生が戦中戦後、貴国に対してとられた四大決定であるとのことですが、それは日本の皇室制度を維持し、ソ連の分割占領の意図をはばみ、二百十数万にのぼる日本の軍人と居留民を迅速かつ無事に帰国させ、天文学的数字の戦争賠償の要求を放棄したことであります。これらの諸事実は、私たちに次のようなことをも考えさせます。すなわち、蔣介石先生の一九四五年八月十五日における、抗日戦勝利の放送のことばは、中国の歴史上の「人に善をなす」という伝統的美徳のあらわれでありますが、当時日本と戦っていた連合国の指導者たちは日本の降伏に対して、どのような反応を示されたのでしょうか?また、蔣先生のこれらの政策決定は、戦後の日本の復興にどのような影響をもたらし、逆に中国の戦後の情勢のなりゆきにどう作用したでしょうか。たしかに再吟味に値いする問題です。

みなさま方、では、何が蔣介石先生をしてこのような対日政策をとらせたのでしょうか。むろん、要因は多方面からですが、私の多年にわたる思索と省察によれば、基本的には、それは儒教思想を中心とする東方文化であり、孫文先生のいわれる王道文化であります。東方文化の本質は、仁愛と忠恕でございます。蔣介石先生は、人格の修養、革命の情操、および盛徳の大業において、東方文化と伝統的道徳を終生服膺し、かつ確実に実践された方であり、蔣先生は仁愛と忠恕の立場に基づいて、戦後は勿論、戦中でさえ、絶対に中日両国の国民が代代敵対することを好まず、両民族がこの痛ましい歴史的教訓から澈底的に反省し、ともに東方文化の博大な精神を発揚し、もって国際間の平和と正義、及び人類の共同の福祉のために、手に手をとって進むことを望んだのでした。

今日、みなさま方が、蔣介石先生生誕百年を記念し、先生の遺徳と博愛をしのぶにあたり、最も大事なことは、先生の遺志と希望を実現することであり、両国の有識の士が、ともに東方文化を発揚し、実践することであります。申すまでもなく、目前の現実的環境は、たしかに私たちにいろいろな困難をもたらしておりますが、それはとりも直さず、私たちにより大きい責任を課するものであり、私たちに、溺れる者を助け、火事を撲滅する者は、私の他に誰がいるかという道徳的勇気をふるい起させます。みなさま方、私は中日両民族が、歴史上同じく東方文化をその源とすることに誇りを持っており、今後たがいに力を合せて、東方文化を発揚し、ともに人類の福祉増進のために邁進して行きたいと思います。最後に、蔣介石先生の苦心と先見をとこしえにしのび、蔣先生の理想と希望を実現するため、みなさま方とともに奮闘したく存じます。

おわりになりましたが、重ねてみなさま方に御礼申しあげ、みなさま方のご健勝とご多幸、さらに事業のご発展を祝して、私のご挨拶にさせて頂きます。

蔣介石先生遺德顯彰會趣旨書

陳鵬仁　譯

主旨

本會乘蔣介石先生百年誕辰之一九八六年的機會，爲圖報先生的恩義而組織，以岸信介、灘尾弘吉兩位先生爲代表，廣泛對日本國民各階層，弘揚蔣先生之遺德。本會之主旨如左。

曾經向聯合國無條件投降的日本國家和民族，在四十年後的今日，竟發展成爲自由世界的第二經濟大國。從焦土中，僅僅三、四十年之間，日本國家民族奇蹟性的復興，無需說是全國國民叡智和努力的結果。

但是，四十年前，日本無條件地接受了菠茨坦宣言。國家的主權、領土和民族的命運，完全操在聯合國手裡，日本毫無自主性和選擇的餘地，眞是立於有史以來危急存亡的關頭。因此，我們不能忘記給日本再生之路的恩人。

第一位恩人是美國，這是大家都知道的。今日，美日合作之爲日本在國際政治上的基本立場，理由在此。

至於另外一位恩人，因爲國際情勢和政治的轉變，以及時間之經過而暫被淡忘，加以教育不傳受這個嚴肅的歷史事實，而爲下一代完全所不知悉，眞是可惜。

這位恩人，就是中華民國的蔣介石總統。日本戰敗當時，　蔣總統要中國全國軍民「不念舊惡」，「與人爲善」，「以德報怨」，而對日本採取了古今中外史無前例的寬大政策。

這寬大政策是：㈠天皇制度的民族自決；㈡阻止蘇聯分割佔領日本；㈢迅速將二百多萬的日本軍民送還其祖國；㈣放棄戰爭賠償的要求。中華民國因爲受到日本十四年的屠殺和破壞，在人命上物質上蒙受天文數字的損害。對於恨之入骨的敵國日本，　蔣總統此種寬大的英斷，無異是立足於深遠的哲理和東洋道德之偉大思想的流露。

如果缺欠這四大政策的任何一項，日本都不可能有今日的復興和發展。

在過去的大戰，日本不但敗於原子彈和盟軍的壓倒性物質，而且徹底敗北於中華民國蔣介石總統的東洋道義。中華民國的蔣介石這個英雄與美國之爲聯合國的領導者，拯救了日本的國體、主權、領土和民族，也正因爲有這種寬大的對日政策，才有今日的日本。這是不許任何人否定的無可爭辯的事實，而爲日本國民子子孫孫永遠不可忘記的。

今年適逢日本再生的恩人，蔣介石總統的百年誕辰。此時此際，得到全國各界的贊同和支持，舉行「蔣介石先生遺德顯彰會」，以回憶充滿感動的歷史，並作爲跳進明天的我們的精神糧食，這是一件非常有意義的事。

蔣介石先生遺徳顯彰會會旨

本会は、蔣介石先生の生誕百年にあたる昭和六十一年を機に、先生の恩義に報いるため組織されたもので、岸信介、灘尾弘吉の両氏を代表として、広く日本国民の各階層に対し、蔣先生の遺徳を広報した。本会の趣意書はつぎのとおりである。

趣　意　書

かつて連合国に無条件降伏した日本の国家と民族は、四十年後の今日、自由世界第二の経済大国にまで発展致しました。焦土の中から僅々三、四十年にして奇跡ともいうべき、この国家民族の勃興は、全国民の英知と努力的結集であることは論を待たぬところであります。

しかしながら、四十年前は無条件でポツダム宣言を受諾し、降伏した日本でありました。国家の主権・領土・民族の命運すべてが連合国の意志にゆだねられ、日本には自主性も選択の道も皆無で、まさに有史以来の危急存亡の関頭におかれていたのであります。その日本に対し、今日に至る再生の活路を与えてくれた恩人あるを、私どもは忘れてはならないと思います。

一つは、もちろん米国であり、これはあまねく知悉されているところです。今日、日米基軸をわが国際政治の基本におくいわれもそこにあります。

これに引き換え、いま一つの恩人については、国際情勢と政治の推移、加えて歳月の経過から次第になおざりにされ、さらには教育がこの厳粛なる歴史的事実を伝えないことによって、次代の国民はまったく承知し得ないという遺憾な実情にあります。

その恩人とは、中華民国の蔣介石総統であります。蔣介石総統は、日本の敗戦に際し、ただちに全中国の国民に「怨みに報いるに徳を以てせよ」という有名な

『以徳報怨』の大号令を発し、古今東西の戦史に類例なき寛大な対日政策を実践遂行して下さったのであります。

すなわち、■天皇制の民族自決　■ソ連の日本分割占領の阻止　■二百余万軍民の早期祖国送還　■対日賠償請求権の放棄　という四大政策がこれでありました。中華民国は、日本軍による十四年の破壊と殺戮によって、人的物的ともに天文学的数字に上る損害を受けたのであります。その憎みて余りある〝敵国日本〟に対し、蒋介石総統のかくのごとく寛大な大英断は、深遠なる哲理、東洋道徳に裏打ちされた余りにも偉大な思想から発露されたというほかありません。

この四大対策は、その中のどれ一つが欠けても、今日の日本の復興、発展は期せられなかったはずであります。

過ぐる大戦において日本は、原爆をはじめ連合軍の圧倒的物量の前に敗北したというだけではありません。中華民国の蒋介石総統の示した東洋道義の前に完敗したのであります。

中華民国に蔣介石という英雄が米国とともに連合国首脳として存在したことが、まさに日本の国体・主権・領土・民族を救ったのであり、その寛大な対日政策があればこそ、今日の日本が出現し得たのであります。これは、何人の否定も許さぬ歴史の厳然明白な事実であり、日本国民として子々孫々まで永遠に忘却してはならないところであります。

あたかも本年は、日本再生の恩人、蔣介石総統の生誕百周年を迎えます。この際、幅広く国民各界各層の協賛を得て『蔣介石先生の遺徳を顕彰する会』を催し、感動に満ちた歴史を想起すると同時に、これを明日に向かって飛躍する私どもの精神的な糧とすることは、大きな意義をもつものと存じます。

我們為何要感念蔣介石先生的遺德

陳鵬仁　譯

我是灘尾。我謹代表主辦單位致詞。今日舉行感念蔣介石先生遺德大會，承蒙這樣多的各位先生各位女士在百忙之中，光臨參加，非常感謝。同時從中華民國，孔德成、張寶樹、張繼正、許金德等諸位先生，專程蒞臨這個盛會。他們都是多年來爲中日兩國的友好親善而努力，我們亦很受照顧的各界名士，很是感謝。尤其是，爲這個大會，蔣介石先生的夫人，宋美齡女士特賜很誠懇的賀電，並問候諸位。另外，平素很受其關照的張群、何應欽兩位先生，本來預定出席的，唯因健康上的理由，不克前來。他倆也給我們很熱切的賀詞，特向諸位報告。

關於今日集會的主旨，我們已經在邀請書說過，今年是二次大戰亦即所謂大東亞戰爭結束第四十一年。四十一年前，日本接受美、英、中、蘇等聯合國的波茨坦宣言，無條件投降，而初次置身於有史以來存亡絕續的關頭。

此時，跟我們干戈相見最久，損失最爲慘重的中華民國蔣介石總統，竟以重大念舊惡」，「與人爲善」這種東方道德的深遠哲理，對戰敗國日本作了如下的重大決斷。

㈠維持天皇制度；㈡阻止蘇聯占領北海道；㈢將在大陸的兩百多萬日本軍民送回其祖國；㈣放棄戰爭賠償的請求權。這是史前無例的寬大政策。

蔣總統曾對中國全國軍民昭示：「以德報怨」，對於恨之入骨的敵國日本，採取了戰爭史上沒有前例的處置。正因爲這樣，戰後，日本才有再生和復興的基礎，在這基礎上，全國國民努力的結果，才有今日世界屈指可數的所謂經濟大國，才有奇蹟性的發展。換句話說，日本之能有今日，完全是蔣介石先生大恩大德之所賜。

本人深信，國民所寫的國家歷史，對其國民來講，是非常寶貴的財產。好的歷史，我們應該予以繼承，不好的史實，即應當防止其重演，這樣歷史才有未來的展望和前途。特別是，對於國家和國民，使其立於岐路的重大歷史事實，應當原封不忘記，也不許忘記的事實的認識。最後，我再次感謝諸位的光臨，並願與諸位立誓，絕不使日本再度走上錯誤的道路。請多多指教。謝謝。（譯自錄音帶，原刊七十五年九月十四日「中央日報」）

紀念和表彰蔣介石先生遺德的意義

元衆議院議長
日華関係議員懇談会会長　灘尾弘吉

灘尾でございます。主催者側の一人と致しまして、一言ご挨拶申し上げたいと存じます。本夕、蔣介石先生の遺徳を偲ぶ夕を催しましたところ、皆様方にはご多忙の中にも拘わらず、このように多数の方方のご参会を頂きまして、主催者側と致しましては、心から厚く御礼を申し上げる次第でございます。また、本会に遥遥中華民国から、孔徳成先生、張宝樹先生、張継正先生、許金徳先生、多年にわたりまして、日華両国民の間におきまして、友好親善のために、ご尽力を頂き、我我も始終お世話になっておる方方ばかりでございます。各界の名士の皆様方がお揃いで、ご参列を頂きまして、これまた心からお礼を申し上げたい次第でございます。尚本日、この会が催されるにつきまして、蔣介石先生の夫人、宋美齢女史から、ご懇篤なご電報を頂戴しております。皆様によろしくということでございます。さらにまた、我我が平素格別お世話になっております張群先生、ならび何応欽先生お二方とも是非出席したいという思召でございましたけれども、残念ながらご健康の都合に依りまして、それは叶わないことになりました。両先生からこれ又極めてご懇篤なご親書を頂戴致している訳でございます。ここに皆さんにご披露申しあげたいと存じます。

本日のこの会の主旨につきましては、すでに文書をもってお手許に差上げてあるかと存じますが、今年は第二次世界大戦、我我から申せばいわゆる大東亜戦争終結から、四十一年目に相成る訳でございます。四十年前、私共の日本は、米英中蘇など連合国のポツダム宣言を受諾し、敗戦国として無条件降伏という我国の歴史始まって以来のいわゆる危急存亡の関頭に立たされた訳でございます。その際、交戦の相手国であり、しかも最も長く干戈を交えて、日本のために非常に大きな損害をうけられました中華民国の蔣介石総統は、その日本の処理にあたって、「旧悪を思わず」「人に善をなす」という、いわゆる東洋道徳の精髄とも申すべき偉大な思想に基ずいて、敗戦国日本のために、天皇制の維持、ソ連による北海道占領の阻止、二百万人の中国大陸におりました軍人並びに民間人の祖国送還、さらには戦争賠償要求の放棄という大決断を下されたのであります。これは凡そ世界の歴史に全く前例のない寛大な対策でございます。「怨みに報ゆるに徳を以てせよ」と蔣総統は、全中国官民に諭され、いわば憎んでもあまりある敵国日本に対し、戦史に前例のない終戦処理をして下さったのであります。そのお陰で日本は、戦後再生し、復興して行く基礎ができたのであります。その基礎の上に、全国民が努力をされた結果、今日世界屈指の経済大国として言われるまでに奇跡的な発展を遂げて参ったのであります。換言すれば、日本の今日あるは、蔣介石先生の大恩によるものであると断言して憚らないのであります。さて、本来国民が歩み続け、刻み続けて参りました国家の歴史は、その国に生きる国民にとって、誠に貴重な財産であるということができようかと思うのであります。よき歴史はこれを継承し、悪しき歴史はこれを繰返さぬように大きな戒め、教訓として生かして行く所に未来への歴史の展望が開かれ、限りなき国家の発展があると確信致します。特に国家としても国民としても、運命の岐路に立つが如き重大な歴史的事実は、克明にこれを記録し、誤りなく後生に伝えて行くのが国民としての義務ではないかと思うのであります。四十一年前の敗戦日本に対して示されました蔣介石総統の四つの大恩は、日本国民として幾ら感謝しても感謝し尽せぬ誠に感動感激のドラマであります。永遠に我我が忘れることのできない厳然たる歴史的事実なのであります。然しながら、戦後になりまして今日まで、この厳然たる歴史的事実は、学校教育において完全に抹殺されておるのではないでしょうか。時代を背負う子弟は全くこの事実を教っていないのではないでしょうか。そしてこれはこの時代を体験致しました私共の怠慢というべきではないでしょうか。私はこの事につきまして深く考えさせられておる昨今ではないかと思うのでありります。ともあれ、あたかも本年の秋、十月卅一日はその蔣介石先生のご生誕百年になります。この機会に私共蔣総統の遺徳を思いおこし、何はなくてもせめてご線香の一本でも、手向たいという純粋素樸な感謝感恩の心情から本日こうした会を催した訳でございます。これが本夕この会を催した本旨であり、我我の蔣介石先生の遺徳を顕彰する原点でもございます。そしてこの事が、日本の歴史、日本の発展について、切離せない基本的な事実であり、これに対する正確な認識、これが国民の皆さん方の間に広まって行くならば、私は誠に幸せに存ずる次第でございます。すでに全国各地におきまして、蔣介石先生の遺徳顕彰の試みが色色と計画せられ、行なわれておる訳であります。願わくば、これを契機に致しまして、本当にお互いがこの忘れてはならない、忘れることを許さないこの大きな事実に対し、更に改めて認識を致したいものと念願をしておる次第であります。最後に、重ねて皆様方の熱心なご参会に対しまして私は心からお礼を申しあげ、今後ともどもに、日本の歴史の進行の上におきまして間違いのないように致したい、この誓いをたてたいと思う次第でございます。どうかよろしくお願い致します。有難うございました。(この講演文は録音テープからとったものです)

「蔣總統秘錄」與我

陳鵬仁 譯

我是鹿内。剛才灘尾先生說過，今年十月三十一日是蔣介石先生的百年誕辰。今日，因爲岸先生、灘尾先生，以及有關先生的努力而舉辦這個盛會，我要由衷表示敬意。尤其孔德成先生等許多貴賓，遠道由中華民國而來參加，更是難得。

我開始負責產經新聞時，在日本雖然已經出版了很多有關太平洋戰爭的文獻，但却沒有出版過使用最受日本侵略、損失慘重的中華民國方面資料的專書。我覺得，爲着日本國家的前途，實在有留下由中華民國方面所看此次大戰紀錄的必要。因此，我便去請求中華民國幫助。

可是，當時他們却勸我說：「以日本的風尚，鹿内君，你雖然這樣講，但種種壓迫終使你的工作繼續不下去」；他們更說：「從大陸拿來的有關大戰的資料，都還沒打開，要整理這些資料，很費工夫，加上貴國的國情和我國國情，恐怕無從答應你的要求」。

我說，無論怎樣困難，我一定要完成此項工作，請能賜予協助。由於我再三的懇求，他們終於答應了。此時，以中國國民黨黨史委員會主任委員秦孝儀先生爲首，組成了大約一百二十個人的編輯組織。我們派了八個人到台北，並從一九七四年八月十五日，日本投降那一天起開始連載「蔣總統秘錄」。它連載到一九七六年十二月二十五日，長達六百五十天，後來出版十五冊的單行本，在美國也同時發行英文版。

在連載「蔣總統秘錄」的過程中，我本身受到非常意外的教育。正如灘尾先生所說，有史以來，日本正當立於危急存亡的關頭，蔣介石先生「以德報怨」，對日本採取了史無前例的寬大政策。

第一，戰敗當時日本的最大課題是，如何維護天皇制度。聯合國裡頭，有人認爲，要打倒日本軍國主義，必須打倒和剷除爲其象徵的天皇制度，因而堅決主張打倒天皇制度。惟蔣先生在日本受過教育，很懂得日本國民的心情，因而對於天皇制度的問題，強調應由日本國民的意志去決定，不能爲盟軍的意志所左右。

第二，盟軍正在準備由蘇俄佔領北海道，中華民國佔據四國、九州，美國佔領日本本土的時候，蔣先生主張中國和蘇俄都不參加佔領，而全由美國統治日本。目睹今日東、西德的對立，韓國的悲劇，而想到當時的經過時，眞是不得不令人不寒而慄。

第三，大戰結束時，中華民國政府在極端疲勞困憊和國內戰爭的狀況下，撥出僅有的車輛和船隻，將兩百多萬的日本軍民迅速地送還其祖國。反此，蘇俄拉走了五十七萬日本人，其中死了七萬人，其他的人都長期地被迫作苦工，與中華民國的處置，實有天淵之別。因此我們對蔣總統的恩情，怎樣也感謝不盡。

第四，蔣先生放棄了戰爭賠償的要求。由於日本多年侵略、破壞中國，所以論賠償，當是天文數字。第一次世界大戰後，因爲對德國索求賠償問題，而促成希特勒的抬頭，進而爆發第二次世界大戰。中國如果對日本要求龐大的賠償，日本人將永遠恨中國。爲着亞洲的眞正和平，中日兩國必須和好，因而蔣總統遂決定了放棄要求賠償的方針。

今日日本雖然以經濟大國享受着天下泰平，但如果缺落了上述任何一個條件，日本絕不可能有今日的景況。我知道這不是我一個人的問題，而拼命連載「蔣總統秘錄」，並覺得這是我一輩子所做工作中最有意義和最重要的我個人的紀錄。我以爲，連載完畢就算了事太可惜，所以爲了收藏「蔣總統秘錄」，於一九七八年四月五日，在箱根蓋了中正堂，並恭請何應欽將軍前來剪綵。

何將軍蒞日時，蔣經國總統曾經托他帶來其父親擔任陸軍官校校長時佩帶的短劍，供中正堂展示之用。鑒於此次體驗，我認爲我有把我鹿内信隆個人的遺囑留給全日本國民的必要，因此特別懇求蔣經國總統，於一九八一年九月十七日，趁中華民國建國七十周年，電視訪問蔣經國總統，電視並向日本全國做了沒有廣告的廣播。

蔣經國總統説，戰後他曾奉父命，前往東北協助遣送日俘、日僑事宜。當時，蔣公囑其一定要先把女人和小孩送回去。經國先生又說，父親蔣介石的一生貫徹了東方的仁愛精神。

各位先生各位女士，無論國家、民族或者個人，都絕對不能成爲忘恩之徒／今日有幸與諸位一起感念蔣介石總統的遺德，同時由衷禱告蔣總統的冥福。（譯自錄音帶，原刊七十五年九月十九日「中央日報」）

「蔣介石秘錄」和我

サンケイ新聞会長　鹿内信隆

今ご紹介を頂きました鹿内でございます。只今灘尾先生からお話がございましたように、今年の十月卅一日、蔣介石先生がお生まれになってから百年を迎えるという事で、本日、中華民国から、孔先生を代表とする、数多くの方方にもお出でを頂いて、この会合を岸先生、灘尾先生或いはその他ご関係の方方のご尽力によりまして、この会を開けたことに対しては、深く敬意を表するものであります。

実は今お話がございましたように、私がサンケイ新聞を引受けました時に、日本には数多くの太平洋戦争に関する出版が文献が随分沢山でておりましたけれども、肝心要の一番日本が長くご迷惑をかけ、非常な被害を与えた中華民国側からの資料というものは、全くございませんでした。私は日本の国の将来のためにも、中華民国の側から見た今次大戦の記録というものを、是非日本に残すことが日本の歴史のためにも、本当に必要なことではないか、そのことを痛感致して、実は中華民国にお願いに出た訳であります。所が当時の日本の風潮からいうと、鹿内君、君そんな無茶なことを言っても、色色な意味で圧迫が強くて君のその仕事は長続きせんだろう。もう一つは、折角君はそう言ってくれるけれども、今中華民国が大陸から持って来た大戦に関する資料は、まだ梱包のままになっておって、それを整理するということは大作業なんだ、従って君の国内事情、我が国内事情から考えても、君の要求にお答えできないとお断りを頂いたのであります。

しかし私は、どんなに色色な困難があっても、必ず私の責任においてその連載を俺としてはやりますから、何とかということでお願いした結果、それでは一つ協力しましょうということで、中華民国ではその当時、党史委員会に赴任されておった、秦孝儀先生を首班として、約百二十名の編集班が編成されました。私の方から八名お手伝いの人間を出して、あの「蔣介石秘録」というものを始めさせて頂いた訳でありますが、その時は丁度昭和四十九年八月の十五日、終戦の記念日を期してその連載を始めました。そして昭和五十一年十一月廿五日まで、六百五十回の長きにわたって、「蔣介石秘録」というものを連載したのであります。これを本にまとめた所が十五冊になり、そしてその十五冊はアメリカにおいても出版されました。

私はその秘録を連載することによって、私自身が思いもよらない本当に大変な教育を私自身が受けたのであります。今も灘尾先生からお話がございましたように、日本有史以来、初めての敗戦という危急存亡の時にあたり、蔣介石先生は怨みに報ゆるに徳を以てせよという大号令を発せられて、世界の歴史の中でかって見ざる、日本に対する極めて寛大なる融和政策をお取りになったのはお集りの諸君、ご承知の通りであります。

その第一点は、戦争が終った時に、日本として一番大きい課題は、天皇制をい

はやめてくれということで、アメリカに日本を全部統治して貰うことを主張されたのは蔣介石先生でありました。皆様、今戦後のドイツの東西におけるあの対立、そして又お隣りの韓国におけるあの悲劇を考えてみた場合に、今日、日本がこのような状態でありうるという事は、私共は心をいかに考えてみても、その恐しさは慄然たるものがあります。

第三番目には、当時の軍人軍属二百数十万人を、あの戦争がすんだ直後に、疲労困憊極めて国内騒然として、国内戦争があるにも拘らず、なけなしの車輌、なけなしの船を総動員し、そして即時に日本に帰して頂いたその事に対する日本人の感謝というものは、ソビェトに拉致された五十七万人というものが、その中七万人が死亡され、長期にわたってそのご苦労を考えてみた時に、私共はその恩情に対して、どんなに感謝をしてもしきれないものがあります。

第四番目には、ご承知のように、賠償問題であります。賠償の問題は、あの長きにわたる私達の侵略がありましたから、それを金額に想定した場合においては、天文学的な数字になったでありましよう。しかし第一次大戦後におけるドイツに対しての賠償の問題から、ご承知のようにヒットラーの勃興となり、第二次大戦に突込んで行ったあの事に対して、日本にもしぼう大な賠償を要求されたら、日本人は長きにわたってその事のために中国を恨むであろう。アジアの本当の平和を考えるならば、中国と日本というものはどうしても仲良くして行かなければいかん、そのためには我我は今怨みに対し徳を以て、この賠償を破棄しよう、その方針を貫かれたのであります。

先程来お話がございましたように、今日本は経済大国として極めて平和をエンジヨイしておりますけれども、先程申しあげましたこの四項目の中、一つでももしそれが叶えることができなかったならば、日本の今日は全くないのであります。私はその事を教えられまして、これは私一人の問題ではない、私は無我無中で「蔣介石秘録」の連載をやりましたけれども、その連載をやったその事によって、私のやった仕事は、私の一生の中で、最も大切な自分の記録すべき仕事になったんだという事を痛感させられました。そこでこれを今このままの形でもって消してしまってはけないと考えて、私は去る五十三年の四月五日に、十五冊の秘録を納めるために、箱根に中正堂を作らせて頂きました。その時にテープ・カットにお出で頂いたのは何応欽将軍であったのです。その何応欽将軍に、現蔣経国総統が托されたのは、自分の親爺が軍官学校時代に、校長として佩用された短剣を是非君の拵えた中正堂にこれを納めてくれと言って送られたのであります。只今、中正堂にはそれが飾ってございます。

私はその事の経験からもう一回自分の一生の中で、蔣介石先生が日本に賜わったこのことを、鹿内信隆個人の遺言として、どうしてもこれを日本の全国の方方にこれを残しておかなければいかん、このために蔣経国先生にお願いして、五十六年の九月十七日、丁度中華民国が建国されて七十周年、その時に私は蔣経国総統とのテレビ会見をやりました。それを日本にノースポンサーで流し、放送させて頂きました。そこでその総統のお話の中で、日本人が引上げる時に、満洲を担当されたそうであります。満洲に蔣介石総統から、お前が「満洲国」に行って日本人の引上げをお手伝いをする時には、先ず女と子供から先に引上げさせなくては困るよ、そういう事を言われたそうです。そして総統が言われるには、父蔣介石という人の生き方は、正に東洋としての仁愛の精神によって、これを貫ぬかれているという事をこのテレビ会見の中で言われました。皆さん、国家であろうとも、民族であろうとも、個人であろうとも、忘恩の徒に堕することは絶対に許されません。今日はご賛同の方方と共に、蔣介石総統の遺徳を顕彰し、そしてそのご冥福に私共は衷心からお祈りをして、私のお話にかえさせて頂きます。（この講演文は録音テープからとったものです）

永懷蔣公恩德

陳鵬仁　譯

我是岸信介。司儀要我領導大家乾杯。乾杯之前，請讓我講幾句話。生前，我跟　蔣介石先生曾經見過幾次面，每次拜謁，對其偉大人格，令我肅然起敬。我初次見到　蔣總統是，我第一次組織岸内閣，正式訪問東南國家時，亦即於一九五七年六月二日，訪問中華民國，在臺北總統官邸的時候。

如所周知，中日兩國之間，具有數千年的關係，而兩國的最高首腦舉行會談，在此漫長的歷史中，這可能是第一次。當時，我代表日本國民，感謝他戰爭結束前後，對日本採取寬大的政策。但他却非常謙虛地答說,他祇作了應該作的事情而已，並沒什麼，而坦然自得。　蔣總統的這個態度，眞使我銘感五腑。

正如灘尾、鹿内先生所說，四十一年前的　蔣總統的恩德，乃是絕不許日本和日本國民使其風化或者忘掉的歷史事實。大家沒有忘記　蔣總統的大恩大德，而一

起來感念　蔣總統的遺德，做爲同樣擁有東洋道義的一個日本人我覺得很是高興。

現在我們擧杯，共同爲慶祝　蔣總統的百年誕辰而乾杯！（　　譯自錄音帶，原刊七十五年九月三十日「青年日報」）

為蔣介石先生誕辰一百週年乾杯

元首相　岸信介

岸信介でございます。ご指名によって乾杯の音頭をとりたいと思います。只その前に一言挨拶をさせて頂きたいと思います。

私は蔣介石先生には、そのご生前に幾度となく親しくお目にかかり、お目にかかる度に、その人物の偉大さに尊敬の念を禁じ得なかったのであります。私が初めて蔣総統にお目にかかりましたのは、私が第一次岸内閣を組閣し、第一回目の東南アジア諸国を公式訪問のさい、即ち昭和卅二年、一九五七年六月二日、中華民国を訪問し、台北の総統官邸においてであります。

日中両国間にはご承知のように、数千年にわたる交流がありましたが、両国の最高首脳が会見したというのは、長い両国の歴史の中で、これが初めてではなかったかと思うのであります。その会見において私は、日本国民を代表して蔣総統閣下に対し、終戦前後における蔣総統の日本に対する寛大な措置についてお礼を申しあげたのであります。それに対して蔣総統は、誠に謙虚な態度で、私はなすべきことをなしたまでであり、お礼を言われる程のことではない、と淡淡とお答えになったのであります。その総統の態度に、私は重ねて強い感銘をおぼえたことを昨日の如く、今はつきりと思い出しているのであります。

先刻来、諸先生方からのご挨拶にありましたように、四十一年前のこの総統のご遺徳は、日本国として又日本国民として、これを風化させたり、忘却したりすることは、断じて許されない事実であります。

本日はこの大恩をいつまでも忘れることなく、深く感謝している多数の同志の皆様のご参加のもとに、蔣総統のご遺徳を盛大に顕彰することができますことは、同じ東洋の道義に生きる日本人として、誠に喜びにたえない所であります。それではここに皆様と共に、杯をあげて蔣介石先生ご生誕百年を祝したいと存じます。ご唱和を願います。乾杯！（これは録音テープからとったものです）

先總統 蔣公大事年表

中国国民党史委員會

蔣公中正，字介石，原名瑞元；在家乘曰周泰，在學校號志清。其先出自周公第三子伯齡，世有明德，降至元季仕傑公，始遷浙江奉化，卜宅於武嶺溪口。公曾祖懷盛公，諱祁增；祖玉表公，諱斯千，考肅菴公，諱肇聰，皆繼志篤仁，孝弟力田，蔣氏於有清之世，絕意仕進。妣王太夫人，出嵊縣處士有則先生。公九歲失怙，鞠育顧復，惟王太夫人是依，盛德大業，炳炳麟麟，得力於母教者獨多。

中華民國紀元前二十五年　公元一八八七年　一歲

十月三十一日（農曆九月十五日）午時，公誕生於浙江省奉化縣溪口鎮玉泰鹽舖。

中華民國紀元前二十四年　公元一八八八年　二歲

由玉泰鹽舖遷居報本堂之西廂房，卽今之豐鎬房。

中華民國紀元前二十三年　公元一八八九年　三歲

姊瑞春于歸宋式倉君。

中華民國紀元前二十二年　公元一八九〇年　四歲

妹瑞蓮生。

中華民國紀元前二十一年　公元一八九一年　五歲

王太夫人以　公已諳事，議送入塾。

中華民國紀元前二十年　公元一八九二年　六歲

入家塾，從任介眉先生受業。

中華民國紀元前十九年　公元一八九三年　七歲

續讀家塾。課餘與羣兒嬉戲，好作軍伍戰鬥狀，且自部勒指揮之。

中華民國紀元前十八年　公元一八九四年　八歲

改從蔣謹藩先生讀大學、中庸。

十月　祖玉表公卒，享年八十一。

中華民國紀元前十七年　公元一八九五年　九歲

七月　父肅菴公卒，享年五十四。

中華民國紀元前十六年　公元一八九六年　十歲

讀孝經。塾師蔣謹藩先生嘗謂王太夫人曰：「令郎天資穎異，他日必成大器，汝節操貞潔，天固有以報之也。」王太夫人始教　公以禮樂。

中華民國紀元前十五年　公元一八九七年　十一歲

讀春秋左傳、唐詩。

中華民國紀元前十四年　公元一八九八年　十二歲

讀詩經，間習古文辭。

中華民國紀元前十三年　公元一八九九年　十三歲

從姚宗元先生讀尚書。

中華民國紀元前十二年　公元一九〇〇年　十四歲

從毛鳳美先生讀易經。王太夫人教　公親習勞苦，布衣蔬食，藝桑灌園。

中華民國紀元前十一年　公元一九〇一年　十五歲

與毛夫人結婚。

中華民國紀元前十年　公元一九〇二年　十六歲

從毛思誠先生温讀左傳，圈點綱鑑。應童子試，見試場規律苛陋，心鄙之。

中華民國紀元前九年　公元一九〇三年　十七歲

赴縣城，入鳳麓學堂肄業，受新式教育。

中華民國紀元前八年　公元一九〇四年　十八歲

仍肄讀鳳麓學堂，為改良校務，力持正義。

中華民國紀元前七年　公元一九〇五年　十九歲

赴寧波，於箭金公學從顧清廉先生讀周秦諸子，並研究性理之學。顧先生授　公以孫子兵法，亦時講述民族大義，盛道革命領袖　孫總理救國志事，輙用神馳，　公始有出國學陸軍之志。

中華民國紀元前六年　公元一九〇六年　二十歲

一月　就讀縣城龍津學堂。

三月　公以痛感國族陵夷，立志革命，乃自剪髮辮，託友寄家，用示決心。

四月　東渡日本，肄業東京清華學校，始識先烈陳英士，因廣交中國在東志士，是為　公參加革命運動之始。

冬末由日返鄉。

中華民國紀元前五年　公元一九〇七年　二十一歲
夏赴保定，入全國陸軍速成學堂，聞日本教官侮辱中國言論，竟比四萬萬人為四萬萬微生蟲，　公怒，起而折服之，幾獲罪。年終應考陸軍留日學生獲選。

中華民國紀元前四年　公元一九〇八年　二十二歲
赴日本，入振武學校肄業。因陳英士先烈介紹加入同盟會。公見鄒容「革命軍」一書，酷嗜之，晨夕覽誦，益醉心革命。

中華民國紀元前三年　公元一九〇九年　二十三歲
仍在日本肄業振武學校。

中華民國紀元前二年　公元一九一〇年　二十四歲
振武學校卒業，入高田陸軍第十三師團野砲兵第十九聯隊為士官候補生。

在東京初謁　總理，傾談國事，　總理許為不可多得之革命人才。

三月十八日　長公子經國生。

中華民國紀元前一年　公元一九一一年　二十五歲

十月　武昌起義，　公由日返滬，奉命攻浙，任先鋒隊指揮官，光復杭州。旋任滬軍第五團團長，助陳英士謀定全蘇。

中華民國元年　公元一九一二年　二十六歲

三月　公辭滬軍第五團團長，赴日創辦「軍聲雜誌」，是冬返國。

中華民國二年　公元一九一三年　二十七歲

七月　上海起兵討袁，　公銜命攻江南製造局，不克，暫赴日本。

中華民國三年　公元一九一四年　二十八歲

五月　公奉　總理命，返滬主持滬、寧討袁軍事，事洩，再赴日。旋奉命在哈爾濱視察東北形勢，上書　總理論歐戰趨勢及討袁計畫。歐戰起，返日覆命。

中華民國四年　公元一九一五年　二十九歲

十二月　陳英士先烈與　公等在滬策動肇和兵艦討袁。

中華民國五年　公元一九一六年　三十歲

二月　公率討袁軍進攻江陰要塞，克之，佔領五日後退出。

五月　陳英士先烈被刺殉國，　公為經紀喪葬，並撰文哭之。

九月初十日　次公子緯國生。

公三十生辰，　總理以「教子有方」表彰王太夫人之賢。

中華民國六年　公元一九一七年　三十一歲

九月　總理在粵組軍政府，倡導護法。　公時在滬，上書　總理手擬聲討北洋軍閥作戰計畫，及對閩浙單獨作戰計畫。　總理任　公為大元帥府參軍。

中華民國七年　公元一九一八年　三十二歲

三月　公應　總理電召赴粵，就任粵軍總司令部作戰科主任。

十月　就任粵軍第二支隊司令。

中華民國八年　公元一九一九年　三十三歲

七月　奉　總理命赴日訪問，十一月返國。

乞　總理親書「靜、敬、澹、一」四字，銘之座右。

中華民國九年　公元一九二〇年　三十四歲

九月　奉　總理命赴粵，參與討桂軍事，　總理書勉　公為黨國負更重大之責任。

中華民國十年　公元一九二一年　三十五歲

六月十四日　王太夫人卒，享年五十八歲。　公哀慟守制，親撰「哭母文」及「先妣王太夫人事略」。　總理馳電奪情，墨經從戎，不得已乃赴粵桂一行，旋請歸葬母。

中華民國十一年　公元一九二二年　三十六歲

六月十六日　陳炯明叛變，砲轟大總統府，　總理避難于永豐艦。　公聞訊由滬入粵，護衛　總理脫險。　總理在摩漢砲艇中告　公：「余自知在世之日，最多不踰十年，而爾至少尚有五十年，望爾勉為主義奮鬥，為革命自重。」

公著「　孫大總統廣州蒙難記」，以揭發陳逆罪狀。

十月　赴閩，就東路討賊軍參謀長。

中華民國十二年　公元一九二三年　三十七歲

二月　總理任　公為大本營參謀長。

八月　奉　總理命赴俄考察，歷時四月。

中華民國十三年　公元一九二四年　三十八歲

一月　中國國民黨第一次全國代表大會在廣州召開，會後，總理著手建立革命武力。

五月　受任陸軍軍官學校校長兼粵軍總司令部參謀長。

七月　兼任長洲要塞司令。

十月　奉　總理命，統率各軍，敉平廣州商團事變。

中華民國十四年　公元一九二五年　三十九歲

二月　公率軍校學生及教導團，會同粵軍東征。

三月　總理逝世北京，昏瞀中，猶以微息呼「介石」。公在軍中發表哀告全軍將士書，又與廖仲愷、胡漢民等聯名通電「謹承　總理遺志，繼續努力革命」。

四月　任　公為黨軍司令官。

八月　國民政府編組國民革命軍六軍，以　公為第一軍軍長。

九月　任　公為東征總指揮，二度東征，統一兩廣，奠定革命根據地。

中華民國十五年　公元一九二六年　四十歲

一月　中國國民黨第二次全國代表大會中，　公提出軍事報告，力主北伐。

中國國民黨中央執行委員會，推　公為中央常務委員及政治委員。

三月　俄顧問勾結共黨份子製造「中山艦事件」，企圖加害。

四月　推　公為國民政府軍事委員會主席。

六月　國民政府任　公為國民革命軍總司令，中央政治委員會通過　公為國民政府委員。

七月九日　公誓師北伐。至是年底，大軍相繼規復湘、鄂、贛、閩等省。

中華民國十六年　公元一九二七年　四十一歲

三月　武漢黨政機關受共黨操縱，一切政令違反三民主義與　總理遺教，形成暴民政治。　公在南昌發表文告，切勸同志，堅守革命立場，維持國家社會秩序，團結一致，解救民衆痛苦。

四月十二日　中國國民黨以共匪滲透黨內，破壞北伐，禍國殘民，實行清黨。

十八日　國民政府定都南京。

五月　定三路北伐計畫，繼續揮師北進。

八月　公為促成寧漢合作，自請辭職，回鄉掃墓。

九月　公自滬東渡日本，與日本首相田中義一會談，告以中日兩國相處之道。

十二月一日　公在滬處分家務後，與宋美齡女士結婚。

十日　中國國民黨二屆四中全會預備會議，決議請　公復職，並負責籌備四中全會。各方紛電促　公再起，不得已決定回京。

中華民國十七年　公元一九二八年　四十二歲

一月四日　公復任總司令職；尋政府任　公為北伐全軍總司令，繼續率師北伐。

五月　克復濟南，日軍出阻，造成「五三」慘案。

七月　北伐大業完成，　公赴北平，祭告　總理。

十月　公就任國民政府主席，成立五院，實行訓政。

十二月　東北易幟，全國統一告成。

中華民國十八年　公元一九二九年　四十三歲

三月十五日　主持中國國民黨第三次全國代表大會，會中通過訓政綱領。

十月　發表「政府今日之責任與國民現在之地位」一文。

中華民國十九年　公元一九三〇年　四十四歲

十月　討逆軍事勝利結束。

十一月　中國國民黨三屆四中全會，推選　公以國民政府主席兼任行政院院長。

十二月　公于南昌召開剿匪軍事會議，確定圍剿計畫。

中華民國二十年　公元一九三一年　四十五歲

五月　國民會議在京集會，通過訓政時期約法。

手撰「自反錄序」。

六月　赴贛主持剿匪軍事。

九月十八日　日關東軍藉口「中村」事件，襲擊瀋陽，侵佔我東北三省。　公自南昌返京，籌商禦侮救國大計。

十月　講演「擁護公理抗禦強權之道」，對日本侵略行為，嚴正指斥(一)

十二月　公為促成黨內寧、穗兩地同志團結，辭國民政府主席、行政院院長等軍政各職，離京返里。

中華民國二十一年　公元一九三二年　四十六歲

一月二十八日　日軍在淞滬啓釁，　公以在野之身，奮赴國難，由杭州赴京主持軍事。

三月　公受任軍事委員會委員長，負責救亡圖存。

五月　公兼豫、鄂、皖三省剿匪總司令。在中央軍校講演「自述研究革命哲學經過的階段」及「革命哲學的重要」。

六月　召開五省剿匪會議。

中華民國二十二年　公元一九三三年　四十七歲

二月　成立南昌行營，統一指揮剿匪軍事。

三月　日軍攻陷熱河，進窺長城各口。　公一度駐節保定。

五月　指示剿匪部隊：「革命的責任，在安內與攘外。」

七月　廬山軍官訓練團集訓，此為安內攘外之張本。

十二月　公飛浦城指揮討閩軍事。

中華民國二十三年　公元一九三四年　四十八歲

二月　公在南昌發起新生活運動，以「禮義廉恥」完成心理建設。

六月　軍校成立十週年，發表「十年來革命經過之回顧」一文。

九月　在廬山軍官訓練團，講述「大學之道」。

十二月　贛省殘匪西竄，　公派遣參謀團入川，督導堵截殘匪。

在「外交評論」雜誌發表「敵乎?友乎?」一文，對日本朝野提出忠告

中華民國二十四年　公元一九三五年　四十九歲

一月　為根除殘匪，須發追堵綱要，並重訂追剿軍序列。

於中央軍校講述「科學的道理」。
兼任陸軍大學校長。
四月　國民政府特任　公為特級上將。
公在貴陽倡行「國民經濟建設運動」。
八月　在四川創辦峨眉訓練團，調訓西南各省軍政幹部。
九月　於峨眉訓練團講述「現代國家的生命力」及「全國總動員的要義」。
十一月　公在五全大會作重要外交報告，強調：「和平未至絕望時期，決不放棄和平，犧牲未至最後關頭，決不輕言犧牲。」
十二月　公受命兼任行政院院長。
中華民國二十五年　公元一九三六年　五十歲
五月　國民政府頒佈中華民國憲法草案。

六月　廣東陳濟棠、廣西李宗仁、白崇禧假抗日之名稱兵，　公電勸息兵，以　公精誠感召，卒獲和平解決。

十月　五十壽辰，發表「報國與思親」感言。全國發起獻機祝壽運動。

十二月十二日　張學良、楊虎城受共匪煽惑，刼持　公于西安，歷時半月，卒脫險返京。

中華民國二十六年　公元一九三七年　五十一歲

一月　公返里休養，並經紀兄錫侯先生之喪。

發表「西安半月記」，蔣夫人亦發表「西安事變回憶錄」。

四月　長公子經國自蘇俄歸國，趨承庭訓。

七月七日　日軍砲轟盧溝橋，揭開抗戰序幕。

十七日　公在廬山談話會嚴正宣布，盧溝橋事變為最後關頭，決心抗戰到底。

八月十三日　日軍又犯上海，全面抗戰開始。

十二月　南京失陷，政府遷都重慶。　公移節武漢，主持抗戰。發表「我軍退出南京告國民書」。

中華民國二十七年　公元一九三八年　五十二歲

一月　公辭行政院院長職務，專一對日抗戰之指揮。於開封軍事會議講述「抗戰檢討與必勝要訣」。公致函美國總統羅斯福，請予我有效之經濟援助。

四月　中國國民黨臨時全國代表大會通過設置總裁案，推公　擔任總裁。並通過抗戰建國綱領案。　公在會中講述「對日抗戰與本黨前途」。

六月　發表「為組織三民主義青年團告全國青年書」。

七月　三民主義青年團成立，　公兼任團長。為紀念北伐誓師十週年，發表「抗戰的回顧與前瞻」一文。

國民參政會舉行首次大會。

十一月　駐節湖南南嶽，並召開軍事會議。

十二月　於中樞紀念週，發表「揭發敵國陰謀闡明抗戰國策」講演，以駁斥日本首相近衛文麿之聲明。

中華民國二十八年　公元一九三九年　五十三歲

一月　中國國民黨第五屆五中全會決議組織　國防最高委員會」，統一黨政軍指揮，任　公為委員長。

三月　中央訓練團成立，世所稱之復興關訓練，蓋自此始。　公連續講述「行的道理」「政治的道理」。

為實施國民精神總動員，發表告「全國同胞書」。

五月　在中央訓練團講述「三民主義之體系及其實行程序」。

六月　長公子經國受任為江西省第四區行政督察專員，新贛南之建設自此始。

九月　公兼任四川省政府主席。

十一月　五屆六中全會，決議任　公兼行政院院長。

中華民國二十九年　公元一九四〇年　五十四歲

三月　汪兆銘在南京成立偽組織，　公揭穿其「日汪密約」，痛斥日本陰謀，並發表「為日汪密約告全國軍民書」「為日汪協定告友邦人士書」。

四月　通令全國尊稱　孫中山先生為中華民國國父。

十二月　嚴斥敵閥承認汪偽組織。

中華民國三十年　公元一九四一年　五十五歲

一月　為解決「新四軍」事件，發表「整飭軍紀加強抗戰」聲明。

九月　得長公子經國電報，敵寇在溪口掘毀家墓，痛憤不已。

十一月十五日　公命軍事委員會供給「韓國光復軍」一切配備與糧餉。

十二月八日　日軍偷襲珍珠港，發動太平洋戰爭，我對日、德、義宣戰。

十二月九日　韓國臨時政府電我政府：「韓國之獨立及全世界弱小民族之自由，全賴貴國之最後勝利而完成。」

二十七日　公兼任外交部部長，並對外交人員，講述「外交人員的修養」。

中華民國三十一年　公元一九四二年　五十六歲

一月　反侵略共同宣言，我與美、英、荷等二十六國簽字於華盛頓。公就任盟軍中國戰區最高統帥。

二月　公偕夫人及隨員訪問印緬，並與甘地會談，促成共同抗日，力勸英國允許印度於戰後獨立，並發表「告印度國民書」。

三月　公赴緬甸視察，指示遠征軍作戰機宜。

八月　公飛西北甘、青、寧諸省巡視，並展謁成吉思汗陵寢。對蘭州各界講述「開發西北的方針」。

蔣夫人代表　公赴廸化，慰問新疆軍民。

十月十日　公向全國宣布：美、英自動廢除在華之不平等條約。

中華民國三十二年　公元一九四三年　五十七歲

一月　公為中美、中英平等新約告成，發表「告全國軍民書」。

二月二十六日　公發表對泰國軍民廣播，對泰國受日脅迫，表示諒解；並說明三民主義以世界各民族一律平等為精神，我必助泰恢復自主。

三月　公發表手著「中國之命運」、「中國經濟學說」兩書。

九月　對五屆十一中全會，提出對中共問題之指示。

十月　公就任國民政府主席。

十一月二十二日　公赴開羅與美總統羅斯福、英首相邱吉爾會談，確定日本必須歸還我東北及臺澎失土，並允許朝鮮自由獨立。

中華民國三十三年　公元一九四四年　五十八歲

七月　國民政府頒布「保障人民身體自由辦法」。

十月　公號召十萬知識青年從軍運動，發表「告知識青年從軍書」。

中、美、英、蘇四國發起並同時公佈「聯合國組織草案」。

中華民國三十四年　公元一九四五年　五十九歲

五月　中國國民黨第六次全國代表大會，選舉　公連任總裁。

六月　美國赫爾利大使將雅爾達會議關於中國方面之祕密協議，轉達我方，並促請我國與蘇俄成立諒解。致使我國喪失東北、淪陷大陸等無窮之禍害。

公自為五箴，曰養天自樂，曰知天自得，曰畏天自修，曰事天自強，曰部會首長。

七月　國民政府國務會議通過實施全國總動員戡平共匪叛亂方案。「七七」抗戰十週年，對全國同胞廣播，東北主權領土一日未收復，即抗戰目的一日未達成，要求軍民一致加強剿匪工作，為國家民族掃除百世禍根。

中華民國三十七年　公元一九四八年　六十二歲

四月　第一屆國民大會選舉　公為行憲第一任總統。

五月　宣誓就任第一任總統。

十一月八日　共匪大舉進犯徐州，徐蚌會戰開始。

十二月二十五日　李宗仁、程潛倡言與匪和談，脅　公下野。

中華民國三十八年　公元一九四九年　六十三歲

一月　發表元旦文告，表示如有助和平，決不計個人進退。

十月　革命實踐研究院在臺北成立，　公親任院長，調訓黨政軍幹部。
二十五日　金門古寧頭大捷，殲匪兩萬餘衆。
十一月六日　舟山登步島大捷。
十二月　中央政府遷抵臺北辦公。

中華民國三十九年　公元一九五〇年　六十四歲
一月　對革命實踐研究院講述「國軍失敗的原因及雪恥復國的急務」。
三月　公復行視事，執行　總統職權。並發表文告，揭示施政重點。
以陳誠為行政院院長。
以蔣經國為國防部總政治部主任。
四月　於革命實踐研究院，講述「軍人魂」、「革命魂」、「民族正氣」、「如何爭取自由」。
七月　聯軍統帥麥克阿瑟訪華。

八月　中國國民黨改造委員會成立，　公勉以恪遵　總理遺教，負起救國救黨之責任。

十月　發表「為何漢奸必亡侵略必敗」一文。

發表「革命實踐運動綱要」，提示革命實踐運動之意義、內容與方法。

中華民國四十年　公元一九五一年　六十五歲

一月　臺灣省各縣市議員選舉完成，此為臺灣實施民權政治之始。

五月　立法院通過「三七五減租條例」。

行政院通過「臺灣省放領公地扶植自耕農辦法」。

十月　紀念臺灣光復節，發表「告臺灣全省同胞書」，指示建設臺灣為三民主義模範省。

中華民國四十一年　公元一九五二年　六十六歲

一月　元旦告全國軍民同胞書，號召推行社會、經濟、文化、政治四大改造，貫徹反共抗俄總動員。

公於金門大武山勒「毋忘在莒」四字於石，勗以師法田單以莒與即墨復齊七十餘城之大義。

三月　青年節發表「告全國青年書」，號召成立「中國青年反共救國團」。

七月　發表「三民主義的本質」一文。

十月　中國國民黨第七次全國代表大會，推選　公連任總裁，並通過　公交議「反共抗俄基本論」。

中國青年反共救國團宣告成立，任蔣經國為主任。

中華民國四十二年　公元一九五三年　六十七歲

一月　發表元旦文告，提出「求新」、「求速」、「求實」、「求簡」四目，以發揮革命復國的精神力量。

行政院宣布開始推行第一期四年經濟建設計畫。

明令公布「實施耕者有其田條例」。

二月　明令廢止「中蘇友好同盟條約」及其附件。

四月　於實踐學社講述「第一回合的勝利」。

九月　講述一重建革命基本組織策進反攻革命運動」。

十一月十四日　公於七屆三中全會中，發表「民生主義育樂兩篇補述」，完成三民主義體系。

中華民國四十三年　公元一九五四年　六十八歲

一月二十三日　我留韓反共義士一萬四千二百零九人幾經險厄，終得返回祖國。

三月　國民大會第二次會議選舉　公為行憲後第二任總統，陳誠為副總統。

七月　於革命實踐研究院講述「革命教育的基礎」。

八月二十五日　公軫念大陸災胞，發表文告，呼籲救濟。

九月　以蔣經國為國防會議副秘書長。

十一月　設置行政院退除役官兵就業輔導委員會，以安置軍中退除役官兵。

二十五日　光復大陸設計研究委員會成立，公親臨致詞。

中華民國四十四年　公元一九五五年　六十九歲

一月　於革命實踐研究院講述「解決共產主義思想與方法的根本問題」。

二月七日　書告海內外全體軍民，說明撤離大陳移轉兵力，增強金門、馬祖防務。

三月　中美共同防禦條約生效，美國國務卿杜勒斯來華與我換文。

七月　石門水庫建設籌備委員會成立，着手興建水庫。

核定九月三日為軍人節。

十一月　招待歸國僑團，講演「反攻復國的前途」。

十二月　公對美記者發表談話，我否決「外蒙」入會，係基于國際正義與聯合國憲章精神。

中華民國四十五年　公元一九五六年　七十歲

一月　於革命實踐研究院講述：「反攻復國心理建設要旨與建設臺灣為三民主義模範省的要領。」

三月十六日　美國務卿杜勒斯訪華，　公延見並舉行中美協商會議。

五月八日　中國國民黨七屆七中全會圓滿閉幕，　公三次蒞會致訓。

七月七日　臺灣省東西橫貫公路開工興築。

明令公布「反共抗俄戰士授田憑據頒發辦法」。

中華民國四十八年　公元一九五九年　七十三歲

二月　國家長期發展科學委員會成立。

公重勘磨「荒漠甘泉」譯本。

三月　為「歷代名將傳」、「歷代名將言行錄」作序，以為國軍將校精神修養之楷模。

二十六日　公發表告藏胞書，號召海內外同胞，一致積極支持藏胞奮起反共抗暴，政府正予有效援助。

四月　國防研究院第一期開學，講述「國防研究要旨」。

五月　主持八屆二中全會。為講「掌握中興復國的機運」。

八月　臺省中南部發生「八七」水災。　公依據憲法臨時條款規定頒布緊急處分令。

中國陸軍飛彈營開始使用飛彈裝備。

十二月　日本前首相吉田茂訪華，謁　公致敬，感謝　公戰後對日本寬大，並就當前世局情勢交換意見。

第四次訂正「科學的學庸」講稿。

中華民國四十九年　公元一九六〇年　七十四歲

三月二十一日　國民大會選舉　公連任第三任總統，陳誠連任副總統。

四月十日　孔孟學會成立，　公闡明孔孟學說，符契三民主義本質。

五月九日　臺灣橫貫公路正式通車，此為我國交通史上重大里程碑。

六月十八日　美總統艾森豪訪華，與　公舉行會談，並發表聯合公報，強調中、美兩國堅強團結，協同抵禦共匪挑釁。

七月　國民大會憲政研討委員會成立。

九月　主持八屆三中全會，講述「黨的基本工作與發展方向」。

中華民國五十年　公元一九六一年　七十五歲

一月　發表元旦文告，指出金、馬、臺、澎為亞洲反共陣營中之中流砥柱，決心在險阻艱難中，貫徹反共復國全程。

四月　我國首座原子爐開始使用。

七月　舉行第一次陽明山會談。

八月　舉行第二次陽明山會談。

九月　中共飛行員邵希彥、高佑宗駕機起義來歸。

十月　為開國五十週年，書告全國同胞，應一致朝向民主、倫理、科學指標，從頭做起，重新建設，根絕共產匪禍，實現三民主義。

十一月，在八屆四中全會中，講述「貫徹本黨的時代使命和革命任務」。

中華民國五十一年　公元一九六二年　七十六歲

一月　在三軍指揮參謀大學講述：「軍事科學、軍事哲學、軍事藝術的意義和效用。」

二月　於第四次全國教育會議致訓。

反共義士劉承司駕機來歸。

五月　為美國讀者文摘雜誌，手撰「一種不可能消滅的精神」，闡釋反共的鬥爭眞諦。

十一月　國軍自製T2型火箭試射成功。

主持八屆五中全會，講述「復國建國的方向和實踐」。

十二月　明令以十二月二十五日為國定行憲紀念日。

中華民國五十二年　公元一九六三年　七十七歲

二月　於擴大　總理紀念週中　公親行黨員總登記宣誓，並手書誓約。

三月　於國防研究院講述「反攻復國的前途」。

九月二十一日　公嚴斥日本首相池田勇人媚匪言論。

十一月二十一日　中國國民黨第九次全國代表大會一致推舉　公連任總裁。　公講述「我們復國的精神志節和建國的目標方略」。

中華民國五十三年　公元一九六四年　七十八歲

一月　於三軍聯合參謀大學，講述「鞏固臺灣與反攻大陸的要務」。

立法院通過「都市平均地權條例」。

行政院會議通過，政務委員蔣經國兼任國防部副部長。

六月　興建歷時八載之水利工程——石門水庫正式竣工。

七月　臺灣省實施都市平均地權，公告地價；並決定以增收之地價稅，作為推行民生主義社會福利政策財源。

對國軍軍事會議，講述「反攻復國的準備、機勢和戰力」。

十月十日　國慶大閱三軍。

十二月十二日　蔣母王太夫人百歲誕辰，　公撰文紀念，蔣夫人書石。

蔣氏慈孝錄成。

發表「毋忘在莒運動的意義和啓示」。

中華民國五十四年　公元一九六五年　七十九歲

一月　行政院局部改組，以蔣經國為國防部部長。

發表「貫徹反攻復國的決心和行動」講詞。

十月　曾文水庫開工，為　公七九華誕祝嘏。

十一月十二日　國父百年誕辰，　公發表紀念文，並主持　國父紀念館奠基典禮。

反共義士李顯斌駕機來歸。

中華民國五十五年　公元一九六六年　八十歲

三月　在九屆三中全會中講述「本黨在反共革命大形勢中的責任」。

國民大會選舉第四任總統。　公當選連任。並選舉嚴家淦為副總統。

六月　於軍校校慶中，講述「三民主義與共產主義消長成敗的形勢及其關鍵」。

八月　講述「五權憲法的功能」。

九月　國內公民營企業機構，為響應　公積極發展科學技術之訓示，成立「中正科學技術研究講座基金董事會」。

十月九日　發表告中共黨人書，號召共匪黨政軍幹部起義；並聲明推倒毛賊後實行普選，重修憲法。

十一月十二日　國父一百晉一誕辰，興建於陽明山之中山樓中華文化堂落成，　公親臨主持，發表紀念文，並應各界人士之請，明定　國父誕辰紀念日為中華文化復興節。

十二月　於九屆四中全會中演講「革命復國的前途」。

核准臺北市為行政院院轄市。

中華民國五十六年　公元一九六七年、八十一歲

一月　蔣經國先生手著「風雨中的寧靜」成書。

二月　明令設置動員戡亂時期國家安全會議，並分設國家建設、總動員、戰地政務、科學指導四個委員會。

六月　於三軍聯合參謀大學講述「反攻復國的例證」。

七月　中華文化復興運動推行委員會正式成立，恭請　公擔任會長。

九月二十五日　世界反共聯盟第一屆大會在臺北揭幕，　公親臨大會致詞。

國防部部長蔣經國訪日，與其首相佐藤榮作會談，日皇接見時，表示永不忘懷　蔣公之寬大德意。

十一月　主持九屆五中全會，以「十九世紀以來亞洲的形勢和復國建國的要道」為題，勗勉全黨同志，知恥知病，求行求新。

中華民國五十七年　公元一九六八年　八十二歲

一月　政府撥款新臺幣一百二十億元　作為十年國家科學技術研究發展計畫經費。

立法院通過「九年國民教育實施條例」。此蓋為貫徹　公對中小學義務教育之要求、所積極籌劃之制度。

三月　對立監委員同志，講述「對反共革命歷史的回顧與策勵」。

四月十二日　對國民小學「生活與倫理」，中學「公民與道德」兩課程作明確指示；提出食、衣、住、行、育、樂、生活教育、人格教育的詳目，以確立國民生活規範與人格觀念。

三十日　頒布「國民生活須知」。

九月九日　九年國民教育正式開始實施，為各國民中學舉行首屆開學典禮頒發錄音訓詞。

中華民國五十八年　公元一九六九年　八十三歲

一月　對中央常會講述「全面革新的精神、行動、和準據」。

三月　明令公布「動員戡亂時期自由地區中央公職人員增補選辦法」。

四月八日　中國國民黨第十次全國代表大會一致選舉　公連任總裁。

六月二十五日　行政院局部改組，院長仍由副總統嚴家淦兼任，任命蔣經國為副院長。

七月　行政院設置「財政經濟金融會報」，由副院長蔣經國主持；並兼任經合會主任委員。

九月　主持國軍軍事會議，指示「建軍備戰的檢討與推進」。

十二月　自由地區中央公職人員增補選，於二十日在各選區舉行。

中華民國五十九年　公元一九七〇年　八十四歲

三月　行政院財經會報決定；降低肥料現金配銷價格及換谷比率，以減輕農民成本，增加農業生產，提高農民所得。

主持十屆二中全會，以「為復國建國大業負責」為題，訓勉全黨同志貫徹全面革新。

五月　告國際新聞學會駐華會員：臺灣繁榮與匪區恐怖混亂，恰成強烈對比，我對光復大陸解救同胞，充滿信心。並嚴正指出，所謂「臺獨運動」，乃是毛共企圖分裂中華民族的虛偽宣傳。

七月　核定「復國建國教育綱領」。

八月　對第五次全國教育會議指示教育工作重點。

十一月　韓國作家宋相玉所著之韓文「　蔣總統傳」出版。

中華民國六十年　公元一九七一年　八十五歲

一月　發表元旦文告，勉以同舟共濟，堅忍淬礪，導致大陸上再一次辛亥革命之來臨。

六月十五日　公盱衡當前革命形勢，特對國家安全會議提示「我們國家的立場和國民的精神」，激勵國人莊敬自強，處變不驚，慎謀能斷，堅定國家及國民獨立不撓之精神，排除一切險阻艱難，獲致最後勝利。

實施九年國民教育首屆國中學生畢業及就業典禮，特頒訓詞。

八月　日本人民五千餘人，在九州福岡舉行對　蔣總統謝恩大會。

令示行政院，為紀念開國六十年，允宜對偶蹈法網之罪犯，特施寬典，予以減刑。

十月二十六日　公為我中華民國宣布退出聯合國，發表「告全國同胞書」，指出聯合國向暴力屈膝已成罪惡淵藪；並聲明我行使獨立主權決不受外來干擾，呼籲同胞精誠團結，協力同心，堅忍奮鬥，絕不妥協。

中華民國六十一年　公元一九七二年　八十六歲

一月　元旦書勉全國軍民，堅持理想，鐵立如山，知恥發奮。並指出我與共匪勢不兩立，絕無任何妥協餘地。

三月二十一日　國民大會第五次會議投票選舉第五任總統，　公當選連任。翌日，嚴家淦當選連任副總統。

五月二十六日　接受國民黨中常會籲請徵召蔣經國出任行政院院長之建議，咨請立法院同意，經立法院投票通過。

八月六日　公移入榮民總醫院療養。

九月　外交部以日匪勾搭達成協議，片面撕毀中日和約，有負　公在戰後以寬大政策拯救日本扶植其復興之德意，特聲明我國與日本斷絕外交關係。

中華民國六十二年　公元一九七三年　八十七歲

六月　中國國民黨中央常會決議：我國不受國際多元政治影響，並堅持不與匪、俄接觸之反共國策。

十月　國慶書告全國同胞，沉着果決，堅持信心，內不為憤心所移，外不為形勢所刼，衝破橫逆，再造新局。

曾文水庫於　公華誕日竣工，呈獻祝嘏。

十一月　十屆四中全會，書勉全黨同志，平心析論世「變」，潛心默察匪「亂」，以信心與慧力結合革命定力，控馭一切世局之「變」，因應共匪無窮之「亂」。

十二月十六日　行政院院長蔣經國提出十大建設計畫，預定五年內完成。

十二月　公體中日適，遂於二十二日自榮民總醫院，返於士林官邸休養。

中華民國六十三年　公元一九七四年　八十八歲

六月　軍校五十週年，發表「黃埔精神與革命大業的再推進」訓詞。

八月十五日　日本「產經新聞」開始連載「　蔣總統秘錄」。

十一月　中國國民黨建黨八十週年，發表紀念詞。

十二月　公又頗不適，經診治後肺炎減輕，胸腔積水，亦已未減。

二十七日　晨　公攝護線炎復發，有心律不規則現象發生。

中華民國六十四年　公元一九七五年　八十九歲

一月　為紐約時報提出「如何解決全球性經濟問題」書面意見。

三月二十九日　預立遺囑，訓示全國同胞一實踐三民主義，光復大陸國土，復興民族文化，堅守民主陣容」。

四月五日　因突發性心臟病于午夜十一時五十分崩逝。　公遺體隨卽於子夜奉移榮民總醫院。

九日　上午十二時，恭奉　公之靈車，由榮民總醫院至於　國父紀念館，自此五日內，自旦至昏，自昏至旦，瞻謁哀敬者，實逾二百五十萬衆，或戴白，或披麻，或長跪，或哀痛，所謂「如喪考妣」者，抑又過之。

十六日　八時五分，大殮覆旗後，隨卽舉行追思禮拜，禮成啓靈，靈車與執紼行列，經臺北市、臺北縣、而桃園、而大溪、以至於慈湖，少長扶攜，路祭野哭，百二十里頂禮不絕，更無慮三百萬衆，其顏色之戚，哭泣之哀，實有史以來，所未嘗有。

十二時五十分，奉厝於慈湖行館正廳。大陸光復不遠，國人誓當奉　安於南京　國父靈寢左右，庶我民族兩大聖哲，馨香明德於無窮也。

蔣介石先生年表

陳鵬仁 譯

中華民国では、蔣介石先生のことを、通常蔣中正先生と呼ぶ。介石はあざなで、原名を瑞元といい、幼名は周泰、学校では志清と号した。祖先は元の時代に、浙江省奉化縣渓口に住居を定められた。曽祖父懐盛公は、いみなを初増といい、祖父玉表公のいみなは斯千、父粛菴公のいみなは肇聡といって、ともに仁徳にあつく、農業に従事し、蔣氏は清の時代には全く仕官されなかった。母王太夫人は嵊県の出身。九歳のとき父をなくし、もっぱら母の手で育てられた。

一八八七年（民国前二十五年）　一歳

十月三十一日（旧暦九月十五日）、正午、浙江省奉化県渓口鎮の玉泰塩舗に生まれる。

一八九一年（民国前二十一年）　五歳

塾に入る。

一八九四年（民国前十八年）　八歳

蔣謹藩氏について、「大学」「中庸」を学ぶ。

十月、祖父玉表公逝去。八十一歳。

一八九五年（民国前十七年）　九歳

七月、父粛菴公辞世。五十四歳。

一九〇一年（民国前十一年）　十五歳

毛夫人と結婚。

一九〇三年（民国前九年）　十七歳

奉化に赴き、鳳麓学堂に入学し、近代的教育を受ける。

一九〇五年（民国前七年）　十九歳

十月、武昌に革命おこる。日本より上海にもどり、先鋒隊指揮官に任じられ、杭州を占領する。その直後上海軍第五団団長に任命され、陳其美を助けて、江蘇省を平定する。

一九一二年（民国元年）　二十六歳

三月、上海軍第五団団長を辞し、日本に行き、「軍声雑誌」を創刊し、冬に帰国する。

一九一三年（民国二年）　二十七歳

七月、上海にて袁世凱討伐の旗をあげ、江南製造局を攻撃せしが、はたさず、日本に去る。

一九一四年（民国三年）　二十八歳

五月、孫文先生の命を受け、上海にもどって上海、南京の袁世凱討伐の責任をおうが、こともれて、再び日本に走る。
その後、ハルピンに派遣されて、東北の情勢を視察し、孫文先生に第一次世界大戦の趨勢及び袁世凱討伐についての計画を提出する。

一九一五年（民国四年）　二十九歳

陳其美とともに、上海にて肇和軍艦の袁世凱討伐を画策する。

一九一六年（民国五年）　三十歳

二月、袁世凱討伐軍を率いて、江陰要塞を奪取し、五日間占領ののちひく。
五月、陳其美暗殺される。陳氏の葬儀をとりしきり、弔辞を書き、男泣きに泣く。
九月十日、次男緯国誕生。

一九一七年（民国六年）　三十一歳

九月、孫文先生、広東にて軍政府を組織し、以て法の護持を主張する。上海にて、北洋軍閥の討伐作戦計画および福建、浙江両省の作戦計画を、孫文先生に上書する。孫文先生より、大元帥府参軍に任命される。

一九一八年（民国七年）　三十二歳

二月、孫文先生の命により、広東に赴き、広東軍総司令部作戦科主任の職につく。
十月、広東軍第二支隊司令に就任する。
一九一九年（民国八年）　三十三歳
七月、孫文先生の命令をうけて日本を訪問し、十一月に帰国する。
一九二〇年（民国九年）　三十四歳
九月、孫文先生によばれて広東に行き、広西軍閥の討伐に参画。孫文先生より、党と国のためにもっと大きい責任を負うよう励まされる
一九二一年（民国十年）　三十五歳
六月十四日、母王太夫人なくなる。五十八歳。「哭母文」及び「先妣王太夫人事略」をしたためる。孫文先生より、再三電報でよばれ、やむなく広東と桂林に行く。母を葬る。
一九二二年（民国十一年）　三十六歳
六月十六日、陳炯明が反乱をおこし、大総統府を砲撃する。孫文先生、永豊艦に避難される。陳反乱の報に接した先生は、すぐさま上海から広東にかけつけ、孫文先生を護る。
十月、福建に赴き、東路討賊軍参謀長に就任する。
一九二三年（民国十二年）　三十七歳
二月、孫文先生より、大本営参謀長に任命される。
八月、孫文先生の命をうけてソ連を視察、四ヵ月ソ連に滞在。
一九二四年（民国十三年）　三十八歳
一月、中国国民党第一期全国代表大会、広州にて開催される。閉会後、孫文先生、革命軍の建設に着手。
五月、陸軍軍官学校校長に任命され、広東軍総司令部参謀長をかねる。

十月、孫文先生の命をうけ、各軍をひきいて、広州商団事変を解決する。

一九二五年（民国十四年）　三十九歳

二月、陸軍軍官学校の学生と教導団をひきい、広東軍と協力して東征に向う。

三月十二日、孫文先生逝去される。廖仲愷、胡漢民らとともに、泣いて全軍将兵に告ぐる書を発表し、「謹んで総理の遺志をつぎ、引き続き革命に努力するよう」呼びかける。

四月、中国国民党軍司令官に任命される。

八月、国民政府、国民革命軍を六軍に編成し、第一軍軍長に任命される。

九月、東征総指揮に任じられ、再度東征に赴き、広東・広西両省を統一し、革命の根拠地を固める。

一九二六年（民国十五年）　四十歳

一月、中国国民党第二期全国代表大会において、軍事報告を行い、北伐を極力主張する。

中国国民党中央執行委より、中央常務委員および政治委員に推される。

三月、ソ連顧問、中共分子と手をくんで「中山艦事件」を演出し、危害を加えようとはかる。

四月、国民政府軍事委員会主席に推される。

六月、国民政府より国民革命軍総司令に任命され、中央政治委員会より、国民政府委員に推輓される。

七月九日、北伐開始。年末までに湖南、湖北、江西、福建諸省をつぎつぎに平定する。

一九二七年（民国十六年）　四十一歳

三月、武漢の党、政府機関は中共によってコントロールされ、あらゆる政令は三民主義と孫文先生の教えにもとり、暴民政治と化する。そこで先生は南昌にて告文を発表し、同志たちが革命の立場を堅持し、国家と社会の秩序を守り、致団結して民衆の苦難を救うようよびかける。

四月十二日、中国国民党は共産分子が国民党内にもぐりこんで、北伐を破壊し、国にわざわいをもたらし、民をしいたげているため、党の粛清を行う。

四月十八日、国民政府、南京に都を定める。

五月、三方面からの北伐計画を決定し、北進を再開する。

八月、南京政権と武漢政権の合作促進のため、自ら辞職し、墓参りに帰郷する。

九月、上海より日本に渡り、時の首相田中義一と会談し、田中に中日両国の関係はどうあるべきかを説く。

十二月一日、宋美齢女史と結婚。

十二月十日、中国国民党第二期第四回中央委員全体会議（四中全会と略称、以下同）予備会議において、先生の復職が決議され、かつ四中全会開催の準備責任をおわされる。各方面より再三再起を要請され、やむなく南京にもどる。

一九二八年（民国十七年）　四十二歳

一月四日、国民革命軍総司令に復職、続いて全北伐軍総司令に任命され、北伐を続行。

五月、済南をおとしいれる。しかし日本軍の妨害にあい、「五三事件（済南事件）」をひきおこす。

七月、北伐を完成。北京に赴き、孫文先生の霊にその旨報告する。

十月、国民政府主席に就任。五院が設立され、訓政を実施する。

十二月、東北が易幟、全国の統一なる。

一九二九年（民国十八年）　四十三歳

三月十五日、中国国民党第三期全国代表大会を主催、訓政綱領を可決する。

十月、「政府の今日の責任と国民の現在の地位」を発表する。

一九三〇年（民国十九年）　四十四歳

十一月、中国国民党第三期四中全会により、国民政府主席兼行政院院長に推される。

十二月、南昌にて中共討伐軍事会議を開き、討伐計画を確定する。

一九三一年（民国二十年）　四十五歳

五月、国民会議、南京にて召集され、訓政時期約法を可決する。

「自反録序」をあらわす。

六月、江西省に行き、中共討伐軍事を主宰する。

九月十八日、関東軍は「中村事件」にかこつけて瀋陽（奉天）を攻撃し、中国の東北三省（満州）を侵略する。南昌より南京にもどり、救国の大計を策する。

十月、「公理を擁護し、強権に抵抗する道」の講演を行い、日本の侵略行為を徹底的に糾弾する。

十二月、国民党内南京と広東の同志の団結促進のため、国民政府主席および行政院院長等軍政の各役職を辞し、郷里にかえる。

一九三二年（民国二十一年）　四十六歳

一月二十八日、日本軍上海を攻撃、いわゆる第一次上海事変である。

三月、軍事委員会委員長に任命される。

五月、河南、湖北、安徽三省の中共討伐軍総司令をかねる。

六月、五省の中共討伐会議開催される。

一九三三年（民国二十二年）　四十七歳

二月、南昌に行営を設置、中共討伐軍事を統一的に指揮する。

三月、日本軍熱河を占領、万里の長城の各出入口をねらう。一時保定に駐在する。

五月、中共討伐部隊に「革命の責任は安内、攘外にある」ことを指示する。

七月、廬山軍官訓練は、攘外の準備である。

一九三四年（民国二十三年）　四十八歳

二月、南昌にて新生活運動を提唱し、「礼・義・廉・恥」をもって心理建設の完成を期する。

六月、陸軍軍官学校成立十周年にあたり、「十年来の革命過程を回顧する」を発表。

九月、廬山軍官訓練団にて、「大学之道」を講じる。

十二月、江西省の中共残兵、西方に逃亡。参謀団を四川に派して、それへの包囲撃滅を指導させる。

「外交評論」誌に、「敵か?友か?」を発表して、日本の朝野に忠告を発する。

一九三五年(民国二十四年) 四十九歳

一月、中共の残兵根絶のため、「追堵綱要」を発布し、討伐軍の序列を改める。

陸軍軍官学校にて、「科学の道理」を講述する。陸軍大学校校長をかねる。

四月、国民政府によって、特級上将(特級大将、五つ星=元帥)に任命される。

貴陽にて、「国民経済建設運動」を提唱する。

八月、四川にて峨嵋訓練団を創設し、西南諸省の軍・政幹部を訓練する。

九月、峨嵋訓練団にて、「現代国家の生命力」および「全国総動員の要義」を講釈する。

十一月、中国国民党第五期全国代表大会において、外交問題を報告し、「和平が絶望のときにならない限り、決して和平を放棄せず、犠牲が最後の段階に至らない限り、断じて軽々しく犠牲を口にしない」ことを強調する。

十二月、行政院院長をかねる。

一九三六年(民国二十五年) 五十歳

五月、国民政府、中華民国憲法草案を公布する。

六月、広東省の陳済棠、広西省の李宗仁、白崇禧、抗日に名をかりて兵をおこす。先生、誠をもって対処し、平和的にこれを解決する。

十月、五十歳の誕生日にあたり、「報国与思親」について感想を述べる。誕生祝いの飛行機献上運動が全国的に展開される。

十二月十二日、中共に煽動された張学良と楊虎城によって、西安にて監禁される（西安事件）。半月後、無事に帰京する。

一九三七年（民国二十六年） 五十一歳

一月、帰郷して休養をとり、兄錫侯氏の葬儀をとりしきる。

「西安半月記」を発表、蔣夫人も「西安事変回顧録」を公表する。

四月、長男経国、ソ連より帰国。

七月七日、日本軍、盧溝橋を砲撃する。抗日戦の序幕。

七月十九日、廬山談話会にて、おごそかに、盧溝橋事件は最後の段階であり、あくまで抗戦することを宣言する。

八月十三日、日本軍、再び上海を攻撃（第二次上海事変）、全面的な抗日戦の幕が切っておとされる。

十二月、南京陥落。国民政府、重慶に移転。武漢に移り、抗日戦を主宰する。

「我軍の南京撤退にあたり国民に告ぐる書」を発表。

一九三八年（民国二十七年）五十二歳

一月、行政院院長をやめ、専ら抗日戦の指揮にあたる。開封の軍事会議にて、「抗日戦の検討と必勝の要訣」を講述する。

ルーズベルト米大統領に書簡をおくり、中国に有効的な経済援助を要請する。

四月、中国国民党臨時全国代表大会で、総裁に推される。抗戦建国綱領を可決。同大会にて「対日抗戦と中国国民党の前途」を講演する。

六月、「三民主義青年団を組織するため全国の青年に告ぐる書」を発表する。

七月、三民主義青年団成立、団長をかねる。

北伐十周年にあたり、「抗日戦の回顧と期望」を発表する。

国民参政会、第一回大会開かれる。

十一月、湖南省南嶽にて、軍事会議開催される。

十二月、中央の紀念週にて、「敵国の陰謀をあばき、抗日戦の国策についての説明」という講演を行い、近衛（文麿）首相の声明「国民政府を相手とせず」を論駁する。

一九三九年（民国二十八年）　五十三歳

一月、中国国民党第五期五中全会、「国防最高委員会」の設置を決定、もって党・政・軍の統一的指揮をはかる。その委員長に任命される。

三月、中央訓練団が成立、いわゆる復興関訓練のはじまりである。「行の道理」および「政治の道理」を講釈する。

国民精神総動員実施のため、「全国同胞に告ぐる書」を発表する。

五月、中央訓練団にて、「三民主義の体系およびその実施の手順」を講じる。

六月、長男経国、江西省第四区行政督察専員に任命される。江西省南部の建設、これによってはじまる。

九月、四川省政府主席を兼任する。

十一月、五期六中全会、先生の行政院院長兼任を可決する。

一九四〇年（民国二十九年）　五十四歳

三月、汪精衛、南京にて傀儡政権を組織する。「日汪密約」をあばき、日本の陰謀を痛撃し、「日汪密約について全国軍民に告ぐる書」、および「日汪密約について友好国人士に告ぐる書」を発表する。

四月、孫文先生を中華民国国父とすることを全国に通告する。

十二月、敵国の汪傀儡政権承認を批判する。

一九四一年（民国三十年）　五十五歳

一月、「新四軍」事件解決のため、「軍紀をととのえ、抗日戦を強化する」声明を発表する。

九月、長男経国の電報によって、敵軍が郷里にある墓を勝手に掘りくずしたことを知り、憤まんやるかたない気持におそわれる。

十一月十五日、軍事委員会に、「韓国光復軍」にあらゆる装備と食糧を供給するよう命じる。

十二月八日、日本軍、真珠湾を襲撃する。太平洋戦争勃発。中国は、日本・ドイツおよびイタリアに宣戦布告する。

十二月九日、韓国臨時政府は、中華民国政府に、「韓国の独立と全世界の弱小民族の自由は、貴国の最後の勝利をもって、はじめて達成される」と電報する。

十二月二十七日、外交部長をかねる。外交官に「外交官の修養」を講じる。

一九四二年（民国三十一年）　五十六歳

一月、アメリカ、イギリス、オランダ等二十六ヵ国とワシントンにおいて、反侵略共同宣言に署名する。

連合軍中国戦区最高司令官に就任する。

二月、夫人とともに、インドとビルマを訪問、ガンジーと会談し、たがいに協力して日本と戦い、イギリスに戦後インドの独立を認めることをすすめ、「インド国民に告ぐる書」を発表する。

三月、ビルマ視察に赴き、遠征軍の作戦事項について指示する。

八月、甘粛、青海、寧夏諸省を視察し、ジンギスカンの墓にもうでる。蘭州各界に対して、「西北開発の方針」を講演する。

蔣夫人が先生に代って迪化に赴き、新疆の軍民を慰問する。

十月十日、米・英両国が、自発的に中国にある不平等条約を廃棄したことを全国に公表する。

一九四三年（民国三十二年）　五十七歳

一月、中米・中英平等新条約締結にあたり、「全国軍民に告ぐる書」を発表する。

二月二十六日、タイ国の軍民に対して放送し、タイ国が日本の侵略にあったことに同情をよせ、三民主義は世界の民族がみな平等であることを精神としており、中国はタイ国がその自主を復活することに必ず力をかすと説く。

三月、自著「中国の命運」と「中国経済学説」を出版する。

九月、五期十一中全会に対して、中共問題についての指示をあたえる。

十月、国民政府主席に就任。

十一月二十二日、カイロに赴き、ルーズベルト米大統領およびチャーチル英首相と会談し、日本が必ず東北、台湾、澎湖諸島を中国に返すこと、朝鮮の独立を認める等について力説、これを決定。

一九四四年（民国三十三年）　五十八歳

七月、国民政府、「人民の身体を保障する辦法」を公布する。

十月、十万人の知識青年の従軍をよびかけ、「知識青年従軍に告ぐる書」を発表する。

中・米・英・ソ四カ国、同時に「国際連合組織草案」を公布する。

一九四五年（民国三十四年）　五十九歳

五月、中国国民党第六期全国代表大会によって、再び総裁に選ばれる。

六月、ハーリ米大使、ヤルタ会談の中国に関する秘密協議事項を中国に伝言し、中国がソ連と和解することを促す。これによって中国は東北を失い、大陸が赤化され、限りない禍根をのこす。

八月十四日、日本の天皇、無条件降服を発表する。翌日、抗日戦勝利の放送を行い、全国の同胞に、旧悪にこだわらない、日本に対して報復しないようよびかける。

「抗日戦勝利にあたり全国軍民および世界人士に告ぐる書」を発表する。

「ヤルタ」秘密条約の圧力に屈して、「中ソ同盟条約」を締結する。

八月二十四日、「民族主義を完成し世界の平和を護る」という講演を行い、世界の民族がみな平等である立場を表明し、とくにタイ国が日本におびやかされて、中国および連合国に宣戦布告したが、中国はそれにかかわりなく、タイ国を助けて、その独立を支持する旨述べる。

九月九日、日本の代表、南京にて正式に中国に無条件降服する。

九月二十八日、第一方面軍をベトナムに派遣して、ベトナムにある日本軍の投降をうけしめる。その式典において、中国軍隊のベトナム派遣の目的は、治安を維持し、和平を保障するにあり、任務完了次第、直ちに撤退することを声明する。

十二月二十一日、マーシャル米大統領特使、南京に到着し、軍事調停の任につく。これが中国大陸の赤化の原因となる。

一九四六年（民国三十五年）　六十歳
一月、政治協商会議を主宰し、今日、人民の最も必要としているものは、安定、復興、国家と統一、進歩およびその繁栄であると説く。

四月、成都を視察し、四川の同胞に別れを告げる。

五月、国民政府、南京にもどる。

十月、夫人とともに、初めて台北に飛び、台湾の同胞をねぎらう。

十二月、憲法制定国民大会、「中華民国憲法」を可決。国民政府を代表して、憲法をうけとる。

一九四七年（民国三十六年）　六十一歳
四月、国民政府を改造。友党及び社会の名士を国民政府委員および閣僚にする。

七月、国民政府の国務会議、全国総動員して中共の反乱を討伐する実施方案を議決する。

抗日戦十周年にあたり、全国同胞に対して放送し、東北の主権と領土を取りもどさない限り、抗日戦の目的を達成したとはいえず、よって軍民が一致して中共討伐を強化し、国家民族百世の禍根を除かんことを要望する。

一九四八年（民国三十七年）　六十二歳

四月、第一期国民大会によって、憲法実施後初代の総統に選ばれる。

五月、初代総統に就任する。

十一月八日、中共、大挙して徐州を攻撃、徐蚌大会戦はじまる。

十二月二十五日、李宗仁、程潜、中共との和平談判を主張し、先生の下野を迫る。

一九四九年（民国三十八年）　六十三歳
一月、新年のメッセージを発表し、和平にプラスするならば、自分の進退はどうでもよいと述べる。

一月二十一日、引退を宣言。曰く、「戦争いまだやまず、和平の目的達せられぬが、ここに引退を決定し、もって戦争が終りをつげ、人民が少しでも安からんことをねがう。」ただちに郷里渓口に帰る。

四月、大局が深刻化したため、杭州に飛んで相談し、断じて反共に身をゆだね、人民の自由と国家の独立のために、最後まで奮闘することをきめる。

五月、上海で船に乗り、舟山列島を視察した後、十七日馬公を経て台北に飛び、中興、復国の大計を画策する。

七月十日、キリノ・フィリピン大統領の要請に応じて、フィリピンを訪れ、極東の反共問題について会談する。

七月十四日、広州にて各界に、「革命策源地の光栄なる歴史を発揚する」という訓示を与える。

七月十六日、中国国民党非常委員会成立、その主席に任じられ、党の改造案を出す。

八月、李承晩韓国大統領の要請に応じて、韓国を訪問し、二日間会談の後、コミュニケを発表する。

九月、「中国国民党改造にあたり全党同志に告ぐる書」を発表する。

十月、革命実践研究院、台北にて成立、院長になり、党・政・軍幹部を訓練する。

十月二十五日、金門の古寧頭で大勝、中共軍二万余をせん滅する。

十一月六日、舟山の登歩島で大捷。

十二月、中央政府、台北に移転する。

一九五〇年（民国三十九年）　六十四歳
一月、革命実践研究院にて、「国軍失敗の原因および雪辱復国の急務」を講じる。

三月、職に復し、総統の職権を行使する。同時に告文を発表し、施政方針を明らかにする。

陳誠を行政院院長に任命する。

蔣経国を国防部総政治部主任に補する。

四月、革命実践研究院にて、「軍人の魂」「革命の魂」「民族の正気」「いかにして自由をかちとるか」を講演する。

七月、マッカーサー連合軍総司令官、中華民国を訪れる。

八月、中国国民党改造委員会成立、孫文先生の遺教を守り、救国救党の責任を負うよう励ます。

十月、「なぜ漢奸は必ず亡び、侵略は必ず失敗するか」を発表する。

「革命実践運動の綱要」を発表して、革命実践運動の意義・内容および方法を提示する。

一九五一年（民国四十年）　六十五歳
一月、台湾省、県市議会議員選挙を行う。これによって、台湾の民権政治がスタートする。

五月、立法院、「三七五減租条例」を可決する。行政院、「台湾省の公地を開放し自作農を扶植する辦法」を決定する。

十月、台湾光復節を記念して、「台湾全省同胞に告ぐる書」を発表し、台湾を三民主義の模範省に建設するよう指示を与える。

一九五二年（民国四十一年）　六十六歳
一月、元旦の全国軍民同胞に告ぐる書によって、社会・経済・文化・政治の四大改造を行い、反共抗ソ総動員を貫くようよびかける。

金門大武山の石に、「毋忘在莒」の四文字を刻み、田単が莒と即墨で斉国の七十余町をとりもどした大義に見ならうよう勉励する。

三月、青年節にあたり、「全国青年に告ぐる書」を発表して、「中国青年反共救国団」の創立をよびかける。

七月、「三民主義の本質」を公表する。

十月、中国国民党第七期全国代表大会によって、三度、総裁に選ばれ、先生の提出した「反共抗ソ基本論」を可決する。

「中国青年反共救国団」が誕生、蔣経国を主任に任命する。

一九五三年（民国四十二年）　六十七歳
一月、元日のメッセージによって、「求新」「求速」「求実」「求簡」の四項目を掲げ、もって革命復国の精神的力を発揮する。

行政院、第一期四年経済建設計画を推進する。

「耕す者に田をあげる実施条例」を公布する。

二月、「中ソ友好同盟条約」およびその附属文書を廃棄する。

四月、実践学社にて、「第一回の勝利」を講演する。

九月、「革命の基本的組織の再建と反攻革命運動の促進」を講述する。

十一月十四日、七期三中全会にて、「民生主義育楽両篇補述」を発表して、三民主義の思想体系を完成する。

一九五四年（民国四十三年）　六十八歳
一月二十三日、一万四二〇九名の反共義士、韓国より帰国する。

三月、国民大会第二回会議によって、憲法発布後第二代総統に選ばれ、陳誠が副総統に選出される。七月、革命実践研究院にて、「革命教育の基礎」を講じる。

八月二十五日、大陸の罹災同胞に思いを致し、告文で救済をよびかける。

九月、蔣経国を国防会議副秘書長に任命する。

十一月、行政院に退除役官兵就業輔導委員会を設置し、退除役将兵の面倒をみる。

九月二十五日、光復大陸設計研究委員会が成立、自ら同委員会に赴いて演説する。

一九五五年（民国四十四年）　六十九歳
一月、革命実践研究院にて、「共産主義思想の解決および方法の根本問題」を講述する。

二月七日、告文で中外の全軍民に、大陳からの撤退と、金門、馬祖の防備強化について説明する。

三月、中米共同防禦条約発効、ダレス米国務長官、条約文交換のため、中華民国を訪れる。

七月、石門ダム建設準備委員会成立、建設はじまる。

九月三日を軍人節に指定する。

十一月、帰国華僑団体を接待し、「反攻復国の前途」について講演する。

十二月、米国人記者に対して談話を発表し、「外蒙古」の国連加盟否決は、国際正義と国連憲章の精神に基づいてなたものであると説く。

一九五六年（民国四十五年）　七十歳
一月、革命実践研究院にて、「反攻復国の心理的建設の要旨と台湾を三民主義の模範省に建設する要領」を講述する。

三月十六日、訪華中のダレス米国務長官を接見し、中米協商会議を開く。

七月七日、台湾の東西横貫道路工事、開始される。

一九五七年（民国四十六年）　七十一歳
二月十一日、革命実践研究院にて、「どのようにして党・政・軍各部門の指導的人才を養成すべきか」を講述する。

六月十日、著書「中国のなかのソ連」を出版する。

九月二日、「士気について」を講じる。

十月二十日、中国国民党第八期全国代表大会にて、「革命の形勢と大会の使命」を講演する。総裁連任可決される。

一九五八年（民国四十七年）　七十二歳

三月、総統府に行政改革委員会を設置して、制度の改善を研究し、権限と責任を調整する。

八月二十三日、中共、金門を猛攻撃する。国民政府軍これを迎えうち、四十四日間の戦闘において、中共の大砲を百余門、飛行機三三機、艦艇一〇七隻を撃砕する。中華民国ではこれを「八二三砲戦勝利」という。

一九五九年（民国四十八年）　七十三歳

二月、国家長期発展科学委員会、設立される。

「荒漠甘泉」の訳本を再校訂する。

三月、「歴代名将伝」、「歴代名将言行録」に序文を書き、中国軍将校の精神的修養の模範とする。

三月二十六日、「チベット同胞に告ぐる書」を発表し、中外の同胞が一致して積極的にチベット同胞の反共抗暴を支援するようよびかけ、政府はいままさに有効的な援助を与えつつあることを説く。

四月、国防研究院第一期生授業開始、「国防研究の要旨」を講述する。

五月、八期二中全会を主宰し、「中興復国の機運を掌握する」を講じる。

八月、陸軍、はじめてミサイルを装備する。

十二月、吉田茂・日本の元首相、表敬訪問に来る。戦後、先生が日本に寛大な措置をとられたことに感謝し、当面の世界情勢について意見を交換する。

「科学の学庸」の四度目の改訂を行う。

一九六〇年（民国四十九年）　七十四歳

三月二十一日、国民大会によって第三代総統に選ばれ、陳誠も副総統を連任する。

四月十日、孔孟学会成立。孔孟学説を詳説し、三民主義の本質と関連づける。

五月九日、台湾の横貫道路、正式に開通する。これは中国交通史上の里程標である。

六月十八日、アイゼンハワー米大統領、中華民国を訪問。ともに会談し、共同コミュニケを発表して、中米両国の堅い団結と、協力して中共の挑戦にたちむかうことを強調する。

七月、国民大会の憲政研討委員会誕生。

九月、八期三中全会を主宰し、「党の基本的工作と発展方向」を講述する。

一九六一年（民国五十年）七十五歳
一月、元旦のメッセージにて、金門、馬祖、台湾、澎湖島は、アジア反共陣営の柱であり、この艱難困苦ののなかに、反共復国の大業を貫徹していくむねを強調。

四月、中華民国ではじめて原子炉を使用する。

七月、第二回陽明山会談開かれる。

八月、第二回陽明山会談開催される。

九月、中共の空軍飛行士邵希彦、高佑宗、台湾に亡命する。

十月、建国五〇周年にあたり、ともに民主、倫理、科学を指向し、最初からやり直し、新たに建設して、共産主義の災禍を根絶し、三民主義を実現せよというメッセージを全国同胞に送る。

十一月、八期四中全会にて、「中国国民党の時代的使命と革命の任務」を講述する。

一九六二年（民国五十一年）七十六歳
一月、三軍指揮参謀大学にて、「軍事科学、軍事哲学、軍事芸術の意義と効用」を講演する。

二月、反共義士劉承司、軍用機で台湾に亡命する。

五月、リーダーズ・ダイジェスト誌に、「消滅できない精神」を書き、反共闘争の真髄を説く。

十一月、国産ロケットT２、試射成功する。

十二月二十五日を、「国定行憲紀念日」に定める。

一九六三年（民国五十二年）七十七歳

二月、総理拡大紀念週にて、自ら国民党党員の登記誓約書を書き、かつ宣誓する。

三月、国防研究院にて、「反攻復国の前途」について講演する。

九月二十一日、池田（勇人）首相の中共びいき的言論を批判する。

十一月二十一日、中国国民党第九期全国代表大会によって、引き続き総裁に推される。

一九六四年（民国五十三年）　七十八歳
一月、三軍連合参謀大学にて、「台湾を強固にすることと反攻大陸の要務」について講演する。

立法院、「都市平均地権条例」を可決する。

行政院会議、政務委員蔣経国の国防部副部長兼任を決定する。

六月、八年の工事を要した石門ダム、遂に完成。

七月、台湾省、都市の地権平均を実施し、地価を公告する。増収されれに地価税は、民生主義の社会福利政策を推進する財源となすことを決定する。

国軍軍事会議で、「反攻復国の準備、機勢および戦力」について演説する。

十月十日、双十節の三軍閲兵式を行う。

十二月十二日、母王太夫人の百歳誕生日にあたり、記念文を執筆し、夫人がそれを石に書く。

蔣氏慈孝録成る。

「毋忘在莒運動の意義と啓示」を発表する。

一九六五年（民国五十四年）　七十九歳
一月、行政院局部的に改造、蔣経国、国防部長に任命される。

「反攻復国の決心と行動を貫く」を発表する。

十月、曽文ダム着工、もって先生の七十九歳誕生を祝う。

十一月十二日、孫文先生の百年生誕にあたり、記念文を発表し、孫文記念館（正しくは国父紀念館）の定礎式典を主宰する。

中共の空軍飛行士李顕斌、台湾に亡命する。

一九六六年（民国五十五年）　八十歳
三月、九期三中全会にて、「中国国民党の反共革命大勢中における責任」を講演する。

国民大会によって、第四代総統に選ばれる。厳家淦副総統に当選する。

六月、陸軍軍官学校成立記念日に、「三民主義と共産主義の消長・成敗および関鍵」を講じる。

八月、「五権憲法の機能」を講述する。

九月、先生の積極的に科学技術を発展せよという訓示にこたえて、公・民営企業が、「中正科学技学研究講座基金委員会」を成立する。

十月九日、「中国共産党員に告ぐる書」を発表して、中共の党・政・軍の幹部がたちあがるようよびかけ、毛沢東を打倒し、た普通選挙を行い、憲法を作りなおすことを声明する。

十一月十二日、孫文先生の百一歳の誕生日にあたり、陽明山に建てられた中山楼文化堂の落成式を主宰し、紀念文を発表する。また、各界の要請に応じて、孫文先生の誕生紀念日を中華文化復興節に指定する。

十二月、九期四中全会にて、「革命復興の前途」を講じる。

台北市、行政院直轄市になる。

一九六七年（民国五十六年）　八十一歳
一月、蒋経国氏の著書「風雨中の寧静」出版される。

二月、動員勘乱時期国家安全会議を設置し、そのもとに、国家建設、総動員、戦地政務、科学指導の四委員会を設ける。

六月、三軍連合参謀大学にて、「反攻復国の例証」を講演する。

七月、中華文化復興運動推行委員会､正式に成立する。請われてその会長になる。

九月二十五日、世界反共連盟第一回大会、台北にて開催され、自ら大会に赴いて演説する。

蔣経国国防部長、日本を訪問、佐藤（栄作）首相と会談する。天皇に謁見したとき、天皇は蔣介石先生の寛大なる徳意は終生忘れないと述べる。

十一月、九期五中全会を主宰し、「十九世紀以後のアジアの形勢と復国建国の要道」について講演し、恥と病を知り、実行を重んじ、新しさを求めることを全党同志によびかける。

一九六八年（民国五十七年）　八十二歳

一月、政府、新台幣一二〇億元を、十年間の国家科学技術研究発展計画の経費にあてる。

立法院、「九年国民教育実施条例」を可決する。これは先生の主張による。

三月、立法委員、監察委員の同志に、「反共革命の歴史的回顧と策励」を講述する。

四月十二日、国民小学校の「生活と倫理」、中学校の「公民と道徳」の課程について、明確な指示をあたえ、食、衣、住、行、育、楽、生活教育、人格教育の詳しい項目を提示し、もって国民生活の規範と人格の観念の確立をはかる。

四月三十日、「国民生活須知」を公布する。

九月九日、九年間義務教育、正式に実施される。各国民中学の始業式に、先生の録音訓示をきかせる。

一九六九年（民国五十八年）　八十三歳

一月、党の中央常務委員会にて、「全面革新の精神・行動および準拠」を講じる。

三月、「動員勘乱時期自由地区中央公職人員増補選辦法」を公布する。

四月九日、中国国民党第十期全国代表大会によって、総裁の連任が可決される。

六月二十五日、行政院局部的に改造、厳家淦副総統、引き続いて院長をかね、蔣経国、副院長に任命される。

七月、行政院に「財政経済金融会報」を設置する。蔣経国副院長これを主宰し、同時に経済合作委員会主任委員をもかねる。

九月、国軍軍事会議を主宰し、「建軍備戦の検討と推進」について指示をあたえる。

十二月、自由地区における中央公職人員（主に国会議員）の増員補充選挙、二十日に行われる。

一九七〇年（民国五十九年）　八十四歳
三月、行政院財経会報、肥料の配給価格と穀物の交換比率引下げを決定し、農民の生産コストを下げ、農業生産の増加と農民の所得をあげる。

十期二中全会を主宰し、「復国建国の責任を負う」という題目で、全党員に全面革新を貫徹するようはげます。

五月、国際新聞学会駐華会員に、台湾の繁栄と大陸の恐怖および混乱は、強烈な対照をなす。大陸を奪還し、同胞を救うことに自信がある旨を説く。同時に、「台湾独立運動」なるものは、中共が中華民族の分裂を企てている偽りの宣伝であることを指摘する。

七月、「復国建国教育綱領」を決定する。

十一月、韓国人作家宋相玉の「蔣総統伝」（韓国文）出版される。

一九七一年（民国六十年）　八十五歳
一月、元旦のメッセージにて、同舟共済、堅忍奮励によって、大陸に新たな辛亥革命をもたらすよう鞭たつする。

六月十五日、当面の革命情勢にかんがみ、国家安全会議に対して、とくに「われわれの国家の立場と国民の精神」を提示し、全国同胞が荘敬自強、泰然として事にあたり、慎重に断を下し、国家と国民の独立不撓の精神を発揮し、あらゆる危険と困難を克服して、最後の勝利を獲得するよう激励する。

八月、五〇〇〇余名の日本人、福岡にて蔣総統謝恩大会を開催する。

建国六十年にあたり、行政院をして特赦の措置をとらせる。

十月二十六日、中華民国、国連脱退を宣言。「全国同胞に告ぐる書」を発表して、国連は暴力に屈服し、罪悪の藪になったことを指摘するとともに、中華民国の独立と主権は、外来のいかなる干渉をもうけず、同胞は堅く団結して、協力同心、堅忍奮闘、絶対に妥協せぬようはげます。

一九七二年（民国六十一年）　八十六歳

一月、元旦のメッセージにて、全国の軍民が理想を堅持し、鉄の山のように立ち、恥を知り、発奮するようよびかけ、中共とは両立せず、絶対に妥協の余地なしと説く。

三月二十一日、国民大会第五回会議によって、第五代総統に選出される。翌日、厳家淦、副総統に再選される。

五月二十六日、国民党中央常務委員会の要請により、蔣経国を行政院長に指名し、立法院の同意を得る。

八月六日、栄民総医院にて療養する。

九月、外交部は日本が中共と手を握り、一方的に日華平和条約をふみにじったことが、戦後先生が日本に対して寛大な政策をとり、日本の復興をはかった篤志にもとるとして、日本との国交断絶を声明する。

一九七三年（民国六十二年）　八十七歳

六月、国民党中央常務委員会にて、国際上の多元的政治の影響をうけず、中共、ソ連とは接触しないという反共国策を堅持することを決議する。

十月、双十節にあたり、「全国同胞に告ぐる書」を発表して、沈着果敢、信心を固くし、内においては憤る心をおさえ、外においては形勢にまどわされず、逆流を突破して、新局面を作るようよびかける。

曾文ダム、先生の誕生日に完成され、誕生祝いに供される。

十二月十六日、蔣経国行政院長、十大建設計画をうちだし、五年以内に完成の予定をたてる。

十二月、健康やや回復されたため、二十二日、栄民総医院より、士林の官邸にもどる。

一九七四年（民国六十三年）　八十八歳

六月、陸軍軍官学校創立五十周年にあたり、「黄埔精神と革命大業の再推進」の訓辞を発表する。

八月十五日、サンケイ新聞、「蔣介石秘録」の連載をはじめる。

十一月、中国国民党立党八十周年にあたり、記念の言葉を発表する。

十二月、健康すぐれず、治療の結果肺炎軽減するも、胸腔積水、減少せず。

十二月二十七日、摂護線炎再発、心律不規則の現象あり。

一九七五年（民国六十四年）　八十九歳

一月、「ニューヨーク・タイムズ」に、書面で「いかにして世界的経済問題を解決するか」の意見を出す。

三月二十九日、遺嘱（遺言）にて全国同胞に、「三民主義を実践し、大陸の国土をとりもどし、民族文化を復興し、民主陣容（営）を堅持する」ことをおしえさとす。

四月五日、突発性心臓病により、午後十一時五十分、逝去される。深夜、遺体を栄民総医院に移す。

四月九日正午、霊柩車、栄民総医院より国父紀念館に到着。この日より五日間、日に夜をついで、弔問に来たりし者、二五〇万人を超ゆる。あるいは喪服を着、喪章をつけ、あるいは跪き、泣き叫び、一大家族の葬儀と何ら異なるところなし。

四月十六日午前八時五分、ひつぎに国旗をかぶせ、礼拝をすまし、霊柩車は台北市、台北県、桃園、大渓を経て慈湖に至る。延延一二〇キロ、涙する三〇〇万の人間に見送らるるは、実に未曾有の光景なり。

十二時五十分、ひつぎ、慈湖行館の正廟に安置される。近い将来、南京にそのひつぎが移され、孫文先生の霊とともにあられんことを祈るばかりである。


（一九八六年九月「国際経済」）

陳鵬仁先生的著書及譯書

書名	出版書店	出版年份
三民主義概說（日文）	東京中華民國駐日本大使館	一九六五年
富士山頭雜感集	臺北帕米爾書店	一九六六年
小泉信三評論集	臺北幼獅文化事業公司	一九六九年
決定日本的一百年	臺北學術出版社	一九七〇年
扶桑論集（日文）	東京日本教圖株式會社	一九七〇年
千金流浪記	香港旅行雜誌社	一九七二年
現代政治學	臺北鑽石出版社	一九七二年
紐約・東京・台北	臺北鑽石出版社	一九七二年
亞當斯密與經濟學（二版）	臺灣商務印書館	一九七二年
孫中山先生與日本友人（二版）	臺北大林出版社	一九七三年

戰後日本思想界的逆流	臺北正中書局	一九七四年
英國的國會（二版）	臺北幼獅文化事業公司	一九七四年
我對馬克斯主義的批評	臺北國防部總政戰部	一九七四年
中國的悲劇（日文）	東京世界情勢研究會	一九七六年
戰後日本的思想與政治	臺北幼獅文化事業公司	一九七六年
宮崎滔天論孫中山與黃興（三版）	臺北正中書局	一九七七年
紐約・東京・臺北（上、下）（二版）	臺北正中書局	一九七七年
美國總統選舉與政治（二版）	臺北水牛出版社	一九七七年
世界近代使（三版）	臺北水牛出版社	一九七七年
宮崎滔天與中國革命	高雄三信出版社	一九七七年
戰後日本的政黨與政治	高雄大舞臺書苑出版社	一九七八年
論中國革命與先烈（二版）	臺北黎明文化事業公司	一九七九年
日本華僑問題分析	臺北天馬出版社	一九七九年
千金流浪記（增訂版）	臺北大林出版社	一九七九年

三民主義とは何か（三版）	東京自由新聞社	一九八〇年
私のアメリカと日本	東京世界情勢研究會	一九八一年
鐵蹄底下的亡魂	臺北黎明文化事業公司	一九八一年
宮崎滔天書信與年譜	臺灣商務印書館	一九八二年
我殺死了張作霖	聚珍書屋出版社	一九八二年
日本的作家與作品（上）	黎明文化事業公司	一九八三年
日本侵華內幕	黎明文化事業公司	一九八六年
近代日本外交與中國	水牛出版社	一九八六年
近百年來中日關係（中日文對照）（二版）	水牛出版社	一九八七年
私のアメリカと日本	水牛出版社	一九八七年
張作霖與日本	水牛出版社	一九八七年
中國之悲劇（中日文對照）	水牛出版社	排印中
芥川獎與芥川龍之介	水牛出版社	一九八七年
日本的作家與作品（下）	黎明文化事業公司	一九八七年

石射豬太郎回憶錄	水牛出版社	一九八七年
日人筆下的八一八事變	水牛出版社	排印中
冷眼看中國大陸	水牛出版社	一九八八年
田中義一內閣的對華政策	水牛出版社	排印中
日本的作家與作品（中日文對照）	水牛出版社	一九八七年
三十三年之夢	水牛出版社	一九八八年
國父在日本	商務印書館	一九八八年
中國民主政治的前途	中央日報社	一九八八年
中日外交史（北伐時代）	水牛出版社	一九八八年

國家圖書館出版品預行編目資料

近代中日關係研究. 第三輯：近百年來中日關係 / 李雲漢著 /
陳鵬仁譯. -- 初版. --
臺北市: 蘭臺出版社, 2024.11
冊；公分 --(近代中日關係研究第三輯：3)
ISBN 978-626-98677-0-7(全套：精裝)
1.CST: 中日關係 2.CST: 外交史
643.1 113006866

近代中日關係研究第三輯3

近百年來中日關係

作　　者：李雲漢
編　　譯：陳鵬仁
主　　編：張加君
編　　輯：沈彥伶
美　　編：陳勁宏
校　　對：楊容容、古佳雯
封面設計：陳勁宏
出　　版：蘭臺出版社
地　　址：臺北市中正區重慶南路1段121號8樓之14
電　　話：(02) 2331-1675 或 (02) 2331-1691
傳　　真：(02) 2382-6225
E - MAIL ：books5w@gmail.com或books5w@yahoo.com.tw
網路書店：http://5w.com.tw/
https://www.pcstore.com.tw/yesbooks/
https://shopee.tw/books5w
博客來網路書店、博客思網路書店
三民書局、金石堂書店
經　　銷：聯合發行股份有限公司
電　　話：(02) 2917-8022　　傳真：(02) 2915-7212
劃撥戶名：蘭臺出版社　　帳號：18995335
香港代理：香港聯合零售有限公司
電　　話：(852) 2150-2100　　傳真：(852) 2356-0735
出版日期：2024年11月 初版
定　　價：新臺幣12000元整（精裝，套書不零售）
ISBN：978-626-98677-0-7